사랑의 반지

이진이 제4 수필집

교음사

|책 머리에|

미래를 여는 마음으로

봄날의 청명한 날씨가 온 대지를 누비고 있습니다. 수정 같이 맑고 따사로운 아침 햇살이 차가운 바람을 흔적도 없이 사라지게 합니다.

이른 아침과 밤늦은 시간에도 북한산에는 뭇새들이 종알종알 노래를 하며 우리를 즐겁게 해줍니다.

미래를 여는 마음으로 4번째 수필집을 출간하게 되었습니다. 미래는 오늘의 연장선상에 있습니다. 결코 뒤로 물러가는 것이 아니고, 계속 진행되는 것이며 희망을 꿈꾸게 합니다.

이번에 글을 정리 하면서 글을 쓴다는 것이 쉬운 일이 결코 아님을 다시 한 번 깨닫게 되었습니다. 늦은 밤까지 많은 생각이 겹쳐져서 끝없이 고민하는 시간으로 메울 때가 많았습니다.

연약한 들꽃들이 여기저기서 빠끔히 얼굴을 내밀고 있습니다. 나의 글들도 그들의 모습처럼 여리기만 합니다. 아직도 잘 다듬어지지 않은 모난 부분이 많이 있습니다.

모난 부분을 더욱더 갈고 닦아 한 편의 옥수 같은 글을 남기려 계속 쓰고 또 쓰겠습니다.

모든 일이 그렇지만 수필은 쓸수록 어려워집니다. 진솔한 나의 체험을 고백하다 보니 부족함도 많고 어리석은 것도 많아 부끄럽기 한이 없습니다. 그러나 나를 가식하고 있는 것보다 부끄러운 것을 훌훌 털어버리고 나니 내 맘은 석간수 같이 깨끗한 자아를 발견하게 됩니다.

나에게 영적 생명을 주신 주 예수님께 영광을 올립니다. 그리고 나를 지금까지 이 자리에 있게 하신 나의 스승 강석호 선생님께 저의 사랑을 드립니다. 문단의 선배이자 언니처럼 배려해주신 이자야 편집국장님께도 감사드립니다.

나를 있게 해주신 부모님과 자기들 일처럼 나를 챙겨주는 사랑하는 형제들, 그리고 자녀 한나, 두나와 사위 고덕재 박사와 외손자 범준이에게도 나의 사랑을 드립니다.

저의 글을 읽는 모든 분들에게 감사드립니다. 그리고 사랑한다고 말씀드리고 싶습니다.

2015년 4월초 북한산 밑 서재에서

저자 이진이(현순)

| 이진이 제4 수필집 |

사랑의 반지

1부 어머니의 다림질

2부 하얀 찐빵

3부 크리스마스 꽃 포인세티아

4부 빠져든다는 것

1

어머니의 다림질

· 어머니가 남자동생의 옷들을 다림질 하는 것을 보고
있노라니 엄마의 사랑이 가슴에 와 닿는다.
뽀송뽀송하고 반듯하게 다린 옷을 입고 가는 동생을 보면서
엄마는 어려운 세상 살아가는데 따뜻한 기운으로 깔끔하고
세상과 타협하지 않고 살아가기를 희망하고 있음을 깨닫습니다.

공짜 버스

구파발에서 시내로 향하는 출근 버스에 얼룩무늬 군복을 입은 육군 12명이 우르르 탔다. 외박이나 휴가를 나온 모양이다. 사람들은 그들을 모두 '군인아저씨'라 부르지만, 얼굴에 솜털이 보송보송한 20대의 청년들이다.

그 중 한 사람이 1만 원을 들고 거슬러 줄 돈이 부족하다는 버스 운전사와 옥신각신한다. 군인 동료가 동전들을 모으지만 역부족인 것 같았다. 내가 지갑을 꺼내 돈을 막 꺼내려고 하는데, 맨 앞좌석에 앉아 그 광경을 지켜보던 60대 여성 승객이 천 원 권을 먼저 내밀었다. 군인이 예의 바르게 머뭇거리자, 그녀는 "괜찮다"고 거듭 권했다.

아들을 둔 부모의 심정이 고스란히 베어 나온다. 겨우 천 원 한 장이 만들어낸 가치는 컸다. 모두 환하게 웃었고 자식들을 군대에 보내본 많은 이들의 눈가에 미소를 볼 수 있었다. 군인들은 우리 모두의 아들이며 조카이며 내 가족이라는 것을 다시 한 번 느끼는 순간이었다.

내 아들도 몇 년 전에 군대를 다녀왔고, 조카도 얼마 전에 군대를 가서 군인들만 보면 내 조카를 떠올리며 측은지심이 든다.

나도 차분하지 못한 그들을 바라보면서 많은 지나간 시간 속에서 나를 되돌아본다.

나는 버스를 탈 때 가끔 버스카드가 들어있는 지갑을 가져오지 않을 때가 있다. 안절부절 못하며 이쪽저쪽 주머니를 다 찾아봐도 없을 때는 얼굴이 빨개지는 것을 느끼면서 기사 아저씨에게 가방을 바꿔가지고 와서 지갑을 안 가져 왔다고 사정을 한다. 구파발로 가는 버스 기사 아저씨는 대체로 마음씨가 좋은 분이라 순순히 괜찮다고 하신다.

어느 날에는 중학생 정도의 학생이 카드에 돈이 없는지 안절부절 못하며 어찌 할 줄을 모른다. 나는 그것을 보자마자 내 경험도 있고 또 얼마 되지 않는 돈이기에 바로 지갑을 꺼내 대신 내주는 일도 있었다.

성경에 오른손이 하는 일을 왼손이 모르게 하라는 구절이 있다. 국가적으로 큰 어려운 일이 닥칠 때나 가정 경제가 어려울 때에 성금이 많이 나온다는 통계가 나온다. 착하고 선한 우리나라 사람들의 성품이 있기에 우리나라는 살기 좋은 나라다.

옛날부터 적선이라는 말이 있다. 적선은 남을 돕는다는 의미로 굳어졌지만, 한자 그대로 해석하면 착한 일을 쌓는 것이다. 정월 대보름 개울에 돌다리를 놓거나 길에 돈을 놓아두고 낯선 누군가의 노자를 보태는 일도 적선이라 불렀다. 적선은 대가가 없어도 우리의 즐거움과 행복과 기쁨을 위한 것임을 느낀다. (2014. 『추천작가 연간사화집』)

어머니의 손

친정에 도착하니 많은 고추가 다듬어져 있었다. 어머니는 그 많은 고추를 혼자서 다듬다니, 어제 종일 고추를 다듬고 힘들어서 누워계셨다.

친정어머니는 많은 우리 형제들을 기르시느라 80이 다되어가는 지금도 동분서주 하신다. 옆에 가까이 사는 나는 평생을 어머니의 그늘 밑에 산다고 해도 과언이 아니다.

봄이 지나고 여름이 되면 마늘이나 양파를 사다 장아찌를 담고 고추를 사다 빻으시고 젓갈종류를 사다 미리 김장준비를 하신다

우리 남매들은 어머니 덕분으로 사랑과 정성이 가득한 김장김치를 1년 내내 잘 먹는다.

음식 맛은 손맛이라는 말이 있다. 우리 한국음식은 손으로 간을 맞추고 손으로 음식 맛을 낸다. 그 가정의 여러 가지 음식들은 그 가정의 어머니의 손맛임을 알 수 있고 음식솜씨로 그 사람의 살아온 환경

을 가늠 할 수 있다.

지인이 한 얘기가 생각난다. 손을 보면 그 사람의 삶을 알 수 있다고 한다. 뭉텅하고 투박한 손은 거친 일을 많이 한 손이고 가냘프고 예쁜 손은 공부만 한 지식인 학자들 손이거나 예술가들의 손이라는 얘기다.

내손은 예쁜 손이 아니다. 중요한 자리에 가서 손을 내밀고 악수를 하면 나는 손을 내밀기가 좀 쑥스럽다.

손이 길쭉하거나 보얗고 예쁘면 얼른 악수를 할 텐데 손이 작고 못생겨서 얼른 내놓지를 못한다. 그렇다고 내가 일을 많이 해서 못생긴게 아니라 일도 많이 하지 않는다. 원래 생긴 모양이 예쁘지가 않다. 그래서 나는 손을 보자고 하면 내밀기가 늘 쑥스럽다.

한 다큐 영화를 봤다. 달팽이의 별 주인공들은 늘 손으로 언어를 교환하곤 한다.

영화는 영찬 씨와 순호 씨의 계절에 따른 일상을 하나하나 보여준다. 어떻게 보면 한없이 평범한 일상이겠지만 둘이 힘을 합쳐 전구를 갈아 끼운다거나 공원에서 나무 하나로 그 어느 누구보다 특별한 데이트를 하는 그들의 일상은 우리가 상상할 수 없었던 삶의 또 다른 면을 보여준다. 그것으로 하여금 우리의 삶을 되돌아보게 해준다. 손가락으로 주고받는 그들의 대화는 어느 대화보다 생기 있으며 나뭇잎이 바스락거리는 소리와 빗소리를 느끼는 그들의 감각은 어느 누구보다 다채롭다.

눈과 귀가 다 먼 남편과 척추 장애인 아내는 손가락 위에 점자를 치는 방식으로 대화를 한다. 부부싸움을 하면 아내는 남편의 손가락 위에 아프게 점자를 콕콕 쳐낸다고 한다. 그래도 온기가 전해지는 손 덕분에 금방 풀린다고 한다.

우리 친정어머니는 자식을 건사하느라 제대로 가꾸지 못했지만 우리 남매들에게는 모든 음식에서 사랑이 느끼게 한다. 우리 남매들은 그 사랑을 먹고 평생 살아가고 우리도 자식을 위해 바로 어머니의 뒤를 따라가게 될 터이다. 사랑을 받은 자만이 사랑을 준다는 것이다.

달팽이의 별 주인공들처럼 자연 속에서 서로의 손의 느낌으로 살아가듯 내 어머니의 그 손은 자연이 주는 우주가 주는 무수한 신호들보다 더 사랑이 진하다는 생각을 왜 진작에 알아차리고 느끼지 못했을까. 손가락으로 대화하며 서로의 사랑을 확인 하며 사는 것처럼 내 어머니는 손은 우리 남매들에게 사랑의 무한대인 것을 말이다.

풍부한 언어를 표현하는 손, 어머니의 두툼하고 거친 손이 떠오른다. 자식들을 건사하느라 쉴 새 없이 놀려야 했던 어머니의 사랑의 손은 우주의 수많은 움직이는 사물보다 더 위대하다는 것을 다시금 느끼게 한다.

(『은평문학』 제16호 2012년)

고추화분

친정에 갔더니 배란다에 있던 고추화분에 고추가 하루 사이에 하나도 없다.

배란다로 가서 "엄마 고추가 어제까지도 많이 달렸는데 하나도 없는데 왜 다 땄어요."하고 물었다.

친정어머니가 4개월 넘게 달려있던 고추를 날씨가 갑자기 쌀쌀해져 서리를 맞은 고추는 좋지 않다면서 정리를 하신 모양이다.

이 고추화분에 사랑이 가는 이유는 여름 내내 풍성하게 매달려 있어 친정에 올 때마다 신기하여 관심을 끌었기 때문이다.

이 고추화분은 4월쯤 되는 봄에 길거리에서 모종 10포기를 사다가 화분에 키웠다. 하얀꽃을 많이 피워주더니 고추가 주렁주렁 열렸다. 이 고추는 따면 또 생기고 따면 또 생기고 하여 어머니 가까이 사는 우리 남매들에게 여름 내내 양념을 제공해주었다.

이 고추는 청양고추로 손으로 따고 손을 씻지 않고 입에 대면 얼얼하여 어찌할 줄을 모르도록 고추가 맵다. 딴 고추는 된장찌개나 멸치 볶을 때 주로 사용하곤 했다.

베란다에서 키운 고추 화분은 우리 손자 범준이의 장난감 놀이에도 사용되기도 했다. 증조할머니 집에 가끔 가는 손자는 자주 문을 열고 베란다에 나가 고추를 따서 할머니가 하는 대로 손이나 바구니에 담아서 들어오곤 한다.

어느 날인가 손자와 고추를 따고는 손 씻어주는 것을 깜박한 것이다. 손자는 씻지 않는 손으로 입에다 손을 대었다. 그때부터 울고불고 난리였다.

어떻게 손을 써야 할지를 몰라 물로 씻어도 안 되고 하여 과일을 주었더니 매운맛이 가시어 겨우 달랠 수가 있었다.

어머니의 고추 손질하는 것을 보면서 몇 해 전 고추화분의 기억이 떠올랐다. 나는 화분에다 고추 세포기를 심은 적이 있다.

잘 키운다고 햇볕이 잘 드는 베란다에 둔 것이 그만 시들시들 하다 죽어 버렸다. 바로 옆에 가로등이 환하게 비추는 곳이라 고추화분에 좋지 않았던 것이다. 밤에 가로등 불빛은 고추 열매를 맺는데 문제가 생길 수 있다는 것이다. 고추나무도 밤에는 잠을 자야 한다는 얘기다.

베란다의 경우 햇빛이 부족해도 고추가 열매를 맺는데 문제 있다는 것도 알게 되었다.

그 이후로 고추를 베란다 가로등이 없는 데로 옮겨서 키웠지만 소용이 없었다. 밤에 불빛이 직접 쐬지 않는 곳으로 조금 이동해 놓으면 될 줄 알았지만 그것도 소용이 없었다.

전등빛이 너무 과하지만 않으면 고추가 자라는데 큰 문제없지만 모든 것이 정도의 문제라고 정리를 할 수 있었다.

고추나무에 진딧물이 끼면, 은행잎과 무화과 나뭇잎을 깔아주면 효과가 있다는 것도 그 때 알았다.

나는 그 이후로 고추 화분뿐만 아니라 어느 화초도 키우지 않았다. 한번 몰입하면 끝까지 하는데 이것이 나하고 맞지 않다는 것을 알게 되면 바로 포기를 한다.

고추를 다듬는 어머니의 손길을 보면서 나도 언젠가는 고추 화분에 도전해보려는 마음이다. 아주 매운 청양고추에 도전해 볼 작정이다.

(『은평문학』 2013.)

젊은 날의 추억과 라일락 꽃

우리 아파트는 늦게 봄이 오고 겨울은 빨리 오는 편이다.

북한산 밑에 자리 잡은 곳이라 서울시내보다 늘 3,4도 낮다. 겨울이면 윙윙거리는 바람소리가 사납게 짖는 개울음 소리 같다. 여름에도 그렇다. 시내에서는 더워서 헉헉거리기가 일수인데 우리 동네 정류장 앞 버스를 내리면 상쾌하고 시원한 바람이 전신을 시원케 한다.

올해도 긴 겨울을 마치고 봄이 늦게 왔다. 무엇이든지 빨리 오지 않고 늦게 오는 느낌을 갖는다. 이곳에 산지 6년이 지나 익숙해지긴 했지만 아직도 추위에는 익숙해지지가 않는다.

올 봄도 어김없이 왔건만 우리 동네는 아직도 찬바람이 쉴새없이 몰아쳤다.

비가 하염없이 내리는 초여름 아닌 늦은 봄. 봄이 왔음을 느끼기도 전에 어느새 여름은 눈앞으로 다가왔다. 아파트를 나서면 은은하게 풍겨오는 라일락 향기는 비록 도시에 있어도 그 순간만큼은 시골에서 출근하는 분위기를 충분히 느끼게 해주었는데, 비가 향기를 가져갈까 걱정이 앞선다.

갑자기 날씨가 더워진 탓에 가로수 길 옆 벚꽃들이 갑자기 만개하여 봄인지 여름인지 갈피를 잡지 못한다. 벚꽃도 다른 곳이 만개할 때 우리 동네는 겨우 봉오리가 올라오곤 하였다.

그러던 날씨가 며칠 사이 부쩍 더워진 탓일까. 늦게 찾아온 봄은 그냥 우리 곁에 옷깃만 스치듯이 왔다가는 느낌이다. 하지만 늦은 외출길에 전등에 비치는 봄에 피는 꽃 중에 가장 늦게 피어 우리에게 기쁨과 환희를 주는 라일락을 보며 아쉬움을 달랠 수 있었다.

나는 라일락을 참 좋아한다. 꽃말이 '젊은 날의 추억'이면서 첫사랑의 감동이다. 꽃말처럼 순수하면서도 어릴 때의 아련한 첫사랑 냄새가 난다고 할까. 라일락의 순 우리말 이름은 '수수꽃다리'이다. 연한 보랏빛을 띠는 라일락은 순수한 젊은 날을 추억하게 만든다. 라일락 향기뿐만 아니고 꽃잎은 4장으로 되어 있는데, 혹여 5장으로 이루어진 꽃을 보면 얼른 삼켜버리라는 말이 있다. 사랑하는 사람이 자신의 곁을 떠나지 않는다나.

흰색 라일락의 전설에는 영국에서 전해져 오는 이야기가 있다. 어느 마을의 한 예쁜 아가씨가 완전히 믿었던 젊은 남자에게 첫사랑의 고귀한 순결을 바쳤으나 나중에 배신을 당하고, 자신의 귀중한 순결이 짓밟히게 되자 아가씨는 마음에 상처를 입은 나머지 자살했다.

아가씨의 친구가 슬픔에 빠져 아가씨의 무덤에 산더미처럼 라일락을 바쳤다. 그때의 꽃빛은 보랏빛이었다. 그런데 이튿날 아침 꽃잎이 모두 어떻게 된 영문인지 순백색으로 변해버리고 말았다고 한다.

이 이야기에 나오는 라일락은 지금도 하트포드셔라는 마을에 있는 교회 묘지에 계속 피고 있단다.

그 후 프랑스에서는 하얀 라일락을 청춘의 상징으로 여겨서 젊은 아가씨 외에는 몸에 지니지 않는 게 좋다고 믿고 있다고 한다. 그래서 꽃말은 '아름다운 맹세'가 되었단다.

사람의 눈이 부실 정도는 아니고 그저 이름처럼 소박하게 예쁜 꽃이다. 그런데도 여느 꽃 못잖게 사랑받는 까닭은 뭘까. 코끝을 간질이는 진한 향기 때문일 것이라고 부질없는 자문자답을 해 보았다. 하지만 라일락은 늦은 봄꽃으로 봄의 절정을 차지하지는 못할지언정 개나리, 진달래, 벚꽃 목련마저 져버린 자리에 늦게 피기에 더 오래 사랑을 받는다.

불혹이 되어보니 인생이 참 덧없다는 것을 새삼 느낀다. 젊을 때는 더 잘하지 못한 아쉬움으로 성숙되지 못한 여러 가지 일들이 아픔이 되어 후회와 성찰의 기회를 맞곤 한다.

경륜과 연륜을 쌓다보면 또 다른 여러 가지 삶들이 우리 곁을 저울질하며 삶의 한 페이지가 파노라마로 다가온다.

우리네 삶이 늦게 피어 더 오래 진한 향기를 남기는 라일락을 닮는 것도 나쁘지 않을 듯싶다. 요즘 조급히 욕심을 부리다 추락하는 유명

인사들의 소식을 접하면서 더욱 그런 생각이 든다. 무엇이 그리 바빴는지 멀리는 못가고 우리 동네 은평뉴타운에 핀 벚꽃 구경을 하며 올봄을 보냈다.

종일 내리는 빗속에서도 뒤늦게나마 꽃을 활짝 피우고 있는 라일락꽃 우리 아파트는 몇 그루 없지만 유독 우리 아파트의 향기는 더욱 더 진하다. 이 향기가 지나면 여름이 곧 오겠지.

다시 오지 않는 젊은 날의 첫사랑의 감동을 기억하면서 아파트 정원에서 라일락의 정취에 흠뻑 젖고 싶다. (『기독수필』 제24집 2014.)

단골 미용실

10년 넘게 다니던 동네 미용실이 있다. 50대를 조금 넘긴 아주머니가 한다. 늘 많은 사람들이 북적거린다. 주위의 어느 미용실보다 약간은 세련되지 않고 허름해 보이지만 비싸지 않은 미용료 때문이다. 받은 요금이라야 고작 4천 원이고 파마는 만 2천 원이다. 저녁 늦게까지 거의 사인 보드가 멈춘 적이 없다. 이 아줌마는 30년 넘게 미용일을 하고 있으나 늘 친절하여 미소가 떨어지지 않는다.

미용료가 싸다보니 주로 노인들이 단골로 드나드는 미용실이지만 젊은 손님도 있다.

한 번은 파마를 하려고 갔는데 사람들이 많이 기다리고 있었다. 주말이라 미용실은 앉을 자리가 없었다. 순서대로 하자면 내가 머리할 시간은 2시간은 족히 기다려야 할 것 같았다.

나는 가족들과의 약속 시간 때문에 어쩔까 아님 오후 늦게 다시 올까 생각하고 있는데 어떤 할머니가 자기는 집에 가도 별 할일이 없다고 나더러 먼저 머리를 말라고 양보해 주셨다.

주인아줌마는 할머니가 양보 했으니 빨리 앉으라고 하신다. 미안하기도 하고 해서 "할머니 괜찮으신지요 감사합니다." 했더니 할머니가 젊은 사람들은 바쁘니까 먼저 하고 가라고 양보하는 것이라 하신다.

이곳에는 많은 미용실이 있다. 리모델링하여 전체가 세련되고 깨끗하여 고급스럽다. 한 번은 멋도 모르고 들어갔다가 엄청난 돈을 낼 뻔한 적이 있었다. 파마 한번 하는데 거의 10만에서 20만원까지 가격이 천차만별이다.

남편도 나를 따라와서 머리를 자르고 간적이 있다. 가격이 저렴하니 많은 사람이 찾는다. 어떤 아줌마가 옆에서 하는 소리를 들은 적이 있다.

명동에 어느 미용실도 1만 원 받고 일하는 사람이 5명 정도 되는데 쉴 틈 없이 많은 사람이 몰려온다는 것이다.

그 사장은 적게 받는 대신 많은 사람들이 몰려와서 그 일대에 소문이 나 돈을 많이 벌어 큰 건물까지 구입했다고 하니 많이 받아 손님 없는 것보다 훨씬 낫다.

요즈음 글로벌 시대라고 최고급으로만 할 것이 아니라 최고급 기술에다 미용료를 저렴하게 받는 마케팅 전략이 성공적이다.

나는 왜 이렇게 싸게 받느냐고 물어봤더니 동네에서 몇 십 년을 미용실 하는데 멋지게 인테리어 할 것도 아니고 해서 욕심 안 부리고 많은 손님이 올수 있도록 저렴하게 받는 다는 것이다.

어쩌다 집안 행사로 메모를 해놓고 쉬게 되면 많은 할머니들이 왔다가 그냥 가기 때문에 급한 일 아니면 쉬지 않는다는 얘기다.

머리를 마는 아줌마의 손놀림이 오늘따라 더 부드럽고 활기차다. 양보해준 할머니의 미소가 거울 속에 비치고 있다. 우리 마을에도 진정으로 사람의 향기를 맡을 수 있다는 것이 자랑스럽다. (2014. 3.)

늑대 소년

- 약속

주말에 지인과 영화를 한 편 봤다. 수채화로 그려 논 한 폭의 첫사랑이라는 순수한 내용이었다. 순수한 영혼들의 만남을 그려 내는 그런 영화였다.

내용의 줄거리는 시골마을에 사람들과 어울리지 못하는 소녀 순이가 이사를 오고 이상한 늑대소년을 만나고 벌어지는 사랑 이야기라 약속을 다시 한 번 소중하게 여기게 하는 영화였다.

내용인즉 한적한 시골에 몸이 아파 예쁜 소녀 순이가 이사 오게 되고 늑대소년 철수가 나타나므로 순이는 가족의 일원이 되어 철수를 훈련하고 교육시키면서 둘의 사랑이 이루어진다. 그 속에서 연이은 사건들이 터지면서 늑대인간은 위기를 맡게 된다. 모두 해명이 되지만 헐크처럼 변하는 철수를 군인들은 죽이라고 명령한다. 순이는 도망갈 것과 자기를 다시는 따라오지 말 것을 명령하고 그 시골집을 떠난다.

나는 이 영화를 보면서 가을에 흩어지는 아름다운 단풍들의 모습 같다는 생각을 했다. 너무나 순수하여 내 자신이 때가 묻었다는 자조적인 독백을 하게 되었다.

모두가 이 영화를 보면서 아련한 첫사랑을 기억하게 될 것 같다. 순수하면서도 아름다운 얘기는 우리 모두의 로망일 테니까.

주인공 송중기가 박보영을 바라보는 그 장면은 어쩌면 영원이 찾지 못하는 과거를, 나의 자화상을 되짚어가는 계기가 된 것 같다.

사람이 살아가면서 약속들을 많이 하지만 그 약속을 다 지키지는 못하는 거 같다. 이 영화는 인간과 인간의 이기적인 생각으로 만들어진 늑대인간, 강한 군대를 만들기 위해 연구재료로 사용되어진 늑대인간이 늑대일 수도 없고 인간일 수도 없는 참혹한 현실을 접하게 된다.

인간이 만들어 논 늑대 인간이기도 하지만 그 속에 인간의 감성과 사랑은 인간 그대로인 것이 올 곧이 나와 있다.

47년 만에 찾아온 시골집은 그대로였고 그곳에 기다린 인간이면서 인간이 아닌 늑대인간 철수는 순이를 기다리고 있었다.

순이가 찾아오면서 크라이막스를 보게 된다. 순이가 떠나면서 메모지를 남겼는데 "다시 올게 기다려" 그 메모지를 철수는 순이에게 보여 주었다. 그 장면은 모든 이들에게 펑펑 눈물을 쏟게 만들었다.

고운 할머니의 모습으로 나타난 순이, 늑대인간 철수는 예전의 모습 그대로이지만 철수는 순이에게 여전이 예쁘다고 말한 장면과 순이가 포옹하면서 "나는 나 살 거 다 잘살고 다른 남자 만나서 결혼도 하고 애도 낳고 그랬는데" 하면서 펑펑 우는 모습, 누워있는 할머니인 순이에게 책을 읽어주는 철수.

인간은 약속을 잊어버리고 잘살지만 늑대인간 철수는 어디로 가지 않고 약속을 지키기 우해 그곳을 떠나지 않고 사랑하는 여인을 기다렸다.

순이는 다시 떠나고 늑대 소년은 홀로남아 46년 전 박보영과 약속한 눈사람을 만든다. 그리고 나와 있진 않지만 늑대소년은 순이 박보영이 할머니가 되었을 정도로 세월이 지났음에도 불구하고 계속 젊은 모습인걸로 보아 누군가가 해를 입히지 않는 이상 늙어죽진 않을 거고, 박보영은 사람이니 언젠가는 반드시 죽는다. 평생 박보영만 사랑하게 된 송중기는 박보영이 죽어도 다른 사람을 사랑하지 못하고 죽기 전까지 어쩌면 영원히 그녀만 그리워하며 살아갈 테니 슬픈 사랑 얘기다.

우리 사람들은 쉽게 잊어버리고 살지만 늑대소년는 한 소녀를 죽을 때까지 사랑할 테니까. (『기독교 수필』 제22집. 2012.)

지각

몇 년 전 미국에 계신 시어머니를 뵈러 미국에 간적이 있었다. 병환이 중하셔서 곧 돌아가실지 몰라서 가게 되었다.

서민이 타는 이코노미좌석을 구입해서 가게 되었다. 도착했을 때는 그나마 거동을 할 수 있어서 미국에 계신 시누이들이 온 김에 샌프란시스코나 요세미티 공원을 한 번 다녀오라 해서 가게 되었다.

샌프란시스코에서 일이다. 배를 타려고 기다리다 약간의 시간이 남아서 조카들 선물을 사려고 잠깐 쇼핑을 하다가 시간을 막 넘기려고 하고 있었다.

남편과 나는 깜짝 놀라서 배 쪽으로 막 뛰어 갔는데 배가 떠나려는 일촉즉발이었다.

담당자들은 우리 때문에 떠나지 못하고 있다고 하면서 안 좋은 말을 하였다. 언어 소통이 잘되는 남편은 쇼핑하다 이렇게 됐다고 사과를 하였다.

우리는 무사히 배를 타고 여행을 가게 되었지만 지금 생각하니 잊지 못할 추억이 되었다.

비행기를 탈 때에는 퍼스트클래스 비즈니스 이코노미 승객의 순이다. 이코노미는 우리 서민들이 잘 타고 다니는 좌석이고 퍼스트클래스 보통 비즈니스 요금은 이코노미의 2배이며 퍼스트 클래스는 비즈니스의 2배다. 내릴 때도 퍼스트 클래스 비즈니스 이코노미의 순이다. 그래서 좌석부터 음식까지 다 차별화 되었다.

모든 사람들이 그래서 돈 벌기를 소원하는 것 같다.

내가 생각하기는 비행기가 시간이 되면 바로 뜨는 줄 알았는데 그렇지 않는 일도 있다고 한다. 비행기기 탑승자 중에 VIP손님이 타게 되면 시간이 조금 늦더라고 그 손님을 꼭 태우고 떠난다고 한다니 돈이 많이 있어야 될 거 같다는 생각을 해보곤 한다.

누가 그런 말을 한 적이 있다. 무슨 모임에서 한 사람이 늦게 오면 많은 사람의 시간을 뺏는다는 말을 들었다. 60명이 모인데서 1명이 1분 늦었다 하면 1시간을 기다리는 거와 같다는 얘기다.

그렇다 지각은 예정된 시간에 시작을 하지 못하기 때문에 모든 사람에게 피해를 주는 것이 된다.

샌프란시스코에서 약간 시간을 놓치는 바람에 모든 사람에게 약간 피해를 주게 되었지만 그 사건은 나에게 있어서 다짐을 하게 되었다.

배타고 크루즈 여행할 때도 똑같이 가격이 서민들이 타는 좌석하고 엄청난 차이가 난다.

배나 비행기도 부자와 서민이 타는 좌석이 다르겠지만 배를 타고 가는 것은 마찬 가지다. 요금의 차이가 나고 비록 손님들을 갈라놓지만 몇 배나 되는 요금이, 배나 비행기를 멈추게 하지는 말아야 하지 않겠나.

(『기독수필』 제22집 2012.)

카카오톡

주말 아침 휴대폰에서 나오는 카카오톡 소리에 잠을 깼다. 덴마크에 여행간 딸이 여러 장의 사진을 찍어 보냈다. 요즈음은 누구라 할 것 없이 휴대폰을 들고 다니며 머리를 들지 못하고 카카오톡으로 메시지를 보낸다.

최근 어느 유명 연예인이 피소위기에 있을 때 카카오톡으로 나눈 대화로 자기의 무죄를 증명하려고 사용되기도 했다. 문제는 장소에 상관없이 새소리 같은 소리로 상대방의 위치를 알게도 한다.

딸이 덴마크에 학술 세미나차 가서 카카오톡을 보냈는데 바로 가까이서 보는 듯 했다.

아주 먼 나라에 가 있는데도 딸이 어디에 있는지, 무슨 일을 하고 있는지 어떤 상황에 처해 있는지 말이다. 이것뿐인가 탱고라는 동영상 사이트로는 바로 옆에서 얘기하는 것처럼 볼 수 있으니 세상 좋아졌다는 말을 실감케 한다.

카카오톡은 국민적인 메신저다. 친구 추천은 물론, 친구 등록, 친구 차단의 비밀도 지킬 수 있다. 카카오톡을 쓰는 사용자수는 국내와 해외 합하여 2011년 4월 1일부터 2011년 12월 29일까지 10억 건의 메시지가 오고가며 전 세계 사람들이 쓰고 있다. 스마트폰 카카오톡 어플리 아이폰과 안드로이드, 블랙베리 운영체제에서 모두 사용이 가능 하다고 한다.

위키 백과, 우리 모두의 백과사전에 따르면 카카오톡(Kakao Talk)은 주식회사 카카오가 2010년 3월 18일 서비스를 시작한 글로벌 모바일 인스턴트 메신저이다. 카카오 톡은 현재 스마트폰 사용자를 대상으로 프리웨어로 제공된다. 안드로이드 모바일 장치 사용자는 구글 플레이에서, 애플의 모바일 장치 사용자는 애플 앱 스토어에서, 블랙베리 기기 사용자는 앱월드에서, 바다 기기 사용자는 삼성 앱스에서, 윈도폰 사용자는 마켓플레이스에서 내려 받아 사용할 수 있다. 기능은 무궁무진 하여 서비스 카카오톡은 상대방과 단순한 대화기능 외에 다양한 기능과 서비스들을 가지고 있다.

메시지, 사진, 동영상, 음성, 연락처 전송 및 일정(약속잡기) 만들기 카카오톡의 주 기능으로 상대방에게 메시지, 사진, 동영상, 음성, 연락처를 전송할 수 있고, 친구들과 일정을 만들 수 있다. 1:1채팅은 물론 여러 명의 친구들과 함께 그룹채팅을 즐길 수 있다.

나는 딸아이와 카카오톡으로 사진도 받아보고 근황도 보면서 젊은 사람들이 왜 자주 스마트폰을 바꾸는지, 그 이유는 편리함에 있다는 것을 알게 되었다. 없을 때는 스마트폰이 그렇게 편리 한지를 몰랐다. 남편이 쓰던 폰을 주어서 써 보면서 사람들이 왜 그렇게 갖고 싶어 하는지도 알 것 같다.

일반 전화는 혼자만 할 수 있지만 카카오톡은 그룹이 같이 할 수 있으며 일대일도 할 수 있는 것도 얼마 전에야 알았다. 그렇지만 나는 아직도 익숙하지 않아서 서툴다.

요즈음 시대에 스마트폰을 쓰지 않는 사람들은 이상하다는 말이 무색하지 않다.

나는 그전에는 여행만 방영하는 TV를 남편과 늦은 저녁에 가끔 본다. 세계 곳곳을 보여주는 여행담은 간접적으로나마 여러 나라의 많은 것들을 접하곤 했다. 그러나 스마트폰이 있고 난 다음에는 주로 모든 정보를 스마트폰으로 얻는다.

주말 아침 조용한 북한산 자락의 우리 집 거실을 뒤흔든 카카오 톡 소리는 덴마크에 가 있는 딸아이가 보내온 것이다. 여러 장의 풍경사진과 지금 전화하고 있는 방 모양과 환경을 볼 수 있으니 안심이 되었다. 휴일의 단잠은 멀리 달아났지만 딸아이가 보내준 사진 몇 장은 힘든 고비를 넘긴 딸아이의 씩씩한 모습으로 먼 나라에서도 자기의 일을 잘 하고 있다는 것이 무척 자랑스럽고 마음이 놓였다.

딸아이가 보낸 카카오톡이 온 세계가 일일 생활권에 들어있는 것을 깨닫게 한다. 참으로 놀라운 세상이 되었다. (2014. 8.)

아름다운 섬 외도

겨울이 오는 길목에서 오래전 갔던 통영과 외도를 하루 일정으로 다녀왔다.

이른 아침 서울에서 금요일 새벽 5시에 교회 식구들과 외도를 들어가기 위해 선착장에 도착했다. 외도까지 30분 이내 거리에 있는 선착장이라 30분 늦게 출발하여 빠른 걸음으로 모두가 달리기를 할 정도였다.

배를 타고 바로 외도로 향했다.

인간과 자연이 빚어낸 별천지 외도, 겨울의 길목에서 다시 한 번 색다른 마음으로 다가왔다.

척박한 땅에 주인이 돌 하나하나를 옮겨가서 아름다운 섬을 만들어 놓았다. 걸어서 1시간 반 정도를 소요하며 다 볼 수 있는 외도는 말 그대로 지상천국이었다. 초겨울인데도 나름 멋진 모습을 담기 위해 사진 찍기에 여념이 없었다.

들어가는 입구에서 이 섬을 개척한 내용을 잠깐 살펴보았다. 섬주인은 명문대를 나와 고등학교 선생님을 5년 정도 하다가 1969년 낚시를 좋아하여 주인은 태풍으로 하룻밤을 머문 것이 이 섬과의 첫 인연이 되었다. 조선시대부터 사람이 살았다는 외도는 면적 144.869m2(43,861평), 해발 80미터 높이의 절벽으로 둘러싸인 척박한 섬이었다.

남편은 갈 수 없는 고향 평안남도 순천을 그리며 제2의 고향을 만들자고 했다. 선착장을 만드는데도 6번의 실패와 좌절, 해마다 태풍과의 싸움에서 절망과 두려움에 떨어야 했지만 희미한 호롱불 밑에서 꿈과 희망을 키워왔던 나날들이 오늘날의 역사가 되고 정원의 기초가 되었다.

외도해상농원은 깨끗하고 푸른 남해바다와 풍관이 수려하기로 이름난 한려해상국립공원 내에 위치하고 있는 해상 식물원이다.

거제도에서 거리상으로 4km, 거제도와 인접한 여러 개의 섬 중의 하나이다. 지금의 지중해의 어느 한 해변도시를 옮겨 놓은 듯한 이국적인 모습이 되기까지 30년간 한 부부의 애틋한 정성과 지극한 자연사랑이 담겨진 곳. 개발은 곧 자연 파괴라는 관념을 깨고 자연의 아름다움에 순응하면서 만든 아름다운 지상 낙원이다.

같이 걸어가며 구경했던 아주머니가 외도에 관한 이야기를 미리 인터넷에서 알고 왔노라고 내가 알지 못한 여러 가지 얘기를 해줘서 알게 되었다.

과거의 외도는 척박한 바위투성이 섬이었다. 전화도 전기도 들어오지 않았고, 기상이 악화되면 10여 일간 교통이 두절되기도 했다.

선착장이 없어서 바람이 조금만 불어도 섬에는 아무도 들어오지 못했다. 태풍 주의보가 내릴 땐 급한 환자라도 생기면 속수무책이었다. 어업과 농업을 생업으로 하고 있던 섬 주민들은 육지로 나가는 것이 꿈이었다.

불편한 오지에 과거에는 8가구가 살았고, 분교도 있었지만, 연료가 없어 동백나무를 땔감으로 쓸 정도로 아까운 자연은 인간과 조화를 못 이루었고, 이미 2, 3가구는 떠나버린 외딴섬이었다.

주인 이창호 씨는 69년 처음에는 밀감 농장으로, 그 다음은 돼지사육으로 시작했으나 그나마 실패하고, 농장대신 식물원을 구상하게 되었다.

76년 관광농원으로 허가받고 4만 7천 평을 개간, 원시림을 훼손하지 않으면서 1만 3천 평의 수목원을 조성하고, 외도의 자생 동백나무 외에 아열대 선인장, 코코아 야자수, 가자니아, 선샤인, 유카리, 종려나무, 남아프리카산 압데니아, 코르디 프리아, 귀면각, 부채선인장, 부겐빌레아, 금목서, 금황환 등 천여 희귀종을 심어 온대 및 열대식물원을 가꾸었다.

부인 최호숙씨도 전 세계의 식물원에 관한 자료를 수집하고 공부하면서 수목배치, 조경구상 등을 담당하고 있다.

당시 같이 일했던 직원과 그 가족은 원래부터 섬에 살던 주민으로 지금까지 남아 함께 외도를 관리하고 있다. 정문, 매표소, 화장실, 전망대, 관리사무소, 리스하우스, 휴게소, 선물가게, 기념관 등은 강병근 건국대 건축학과 교수가 자연의 멋을 살려 조화를 이루도록 건축하였다. 95년 4월 15일 개장 하여 '한 차원 높은 섬 문화 창조'에 헌신하고 있다.

옛 초등학교 분교 운동장(지금의 비너스가든)에 돼지를 키우던 시절의 모습, 아직 어린 묘목들만 심어져 있는 상태의 천국의 계단 초기 모습, 선착장 하나 없이 지게로 짐을 지어 나르던 개발 초기의 모습, 개발 전(1970년대)의 삼거리 모습과 당시의 가옥, 배에서 내리면 선착장 바로 앞의 빨간 기와가 이어진 예쁜 아치 정문이 반긴다.

외도의 여행은 이곳부터 시작된다. 방향표시를 따라 경사진 길을 조금 걸어 오르면 삼거리 안내센터를 만난다. 여기서부터 아열대 식물원의 시작이다. 길 양쪽에 야자나무들이 무리지어 그 이국적인 남국의 멋을 실컷 자랑하고 있다. 특히 50여종의 선인장 동산은 어린이에게 더 없는 교육의 장소로 모든 관람객의 사랑을 받고 있는 곳이다.

베르사이유를 축소해 놓은 듯한 비너스 가든에는 12개의 비너스 조각들이 서구식 정원 속에 여기저기 전시되어 있고, 그 옆 파라다이스 라운지에서는 간단한 음료를 마시며 시원한 바다와 따스한 햇볕을 즐길 수 있다. 어린이들이 사진도 찍고, 놀이도 할 수 있는 놀이동산도 있다.

그 옆 화훼단지에는 세계 각지에서 들여온 여러 종류의 희귀한 꽃들과 동백꽃들이 조화를 이루며 피어 있고, 그 위 무성한 대죽로를 오르면 바다가 보이는 제1 전망대가 있다. 이곳에서 해금강, 대마도, 서이말 등대가 보이고, 숲으로 뒤덮인 원시림의 외도 동섬, 공룡바위 등을 볼 수 있다.

전망대에는 파노라마 휴게실, 스넥바 등이 있어 차를 마시며 담소를 나누고, 간단한 우동이나 아이스크림 등의 스넥을 들 수 있다.

비탈길을 내려서면 놀이조각공원이 보이는데, 제기차기 ,기마전 등의 민속놀이를 표현한 한국전통놀이 조각이 있어 잠시 동심으로 빠져들게 한다. 그곳에서는 외도의 모든 전경을 사방으로 한눈에 바라 볼 수 있다. 이어지는 동백나무 사이 오솔길에 또 다른 조각공원이 있다.

동백꽃들이 만발하여 주위가 환해지는 느낌이다. 나는 이곳에서 동백꽃을 몇 개를 주웠다. 참으로 예쁘다 생각하면서 주워 책갈피에 꽂아 두어야지 생각했다. 동백꽃 몇 송이를 손에 들고 공원을 둘러보게 되었다.

아담과 이브의 선악과 등 모든 전시작들은 모두 국내 유명 조각가의 작품으로, 자연과 어울려 그 예술적 가치를 더욱 발하고 있다. 조각공원이 끝나는 곳에는 탁 트인 바다가 보이는 광장이 있는데 그 오른쪽 해안가에는 작은 교회가 있어 외도의 손님이면 누구나 잠시 기도하며 명상의 시간을 가질 수 있다. 다시 소철과 야자수 길을 따라올라 가면 외도의 전경과 푸른 바다의 모습이 한눈에 훤히 보이는 제2전 망대가 있다.

그 다음 만나는 곳이 편백방풍림을 테피스트리로 잘 짜 놓은 천국의 계단이다. 그 계단 사이로 여러 가지 꽃들과 나무들이 주제별로 짜여져 있어 천국에 온 느낌을 준다.

내려오는 길에 수백 년 된 후박나무 약수터가 있어 여행객이 모여 목을 축이고, 외도의 개발과정을 담은 옛날 사진과 자료를 전시해 놓은 외도 기념관을 관람하고 배를 기다렸다.

섬을 가득 메운 진한 꽃향기, 해금강의 절경과 푸르디푸른 바다, 그 상큼한 바다 냄새를 맡으며, 프랑스식 정원의 벤치에 앉아 조용히 흐르는 음악소리를 들으면서 사색하고, 예술의 향기를 느낄 수 있는 그런 장소이다.

어른에게는 지성의 쉼터로 자녀에게는 자연의 학습장이 될 수 있도록 지금도 최선을 다하고 있다.

자연을 벗삼아 가족, 친구, 그리고 연인끼리 사진 찍는 것도 꼭 잊지 말아야 하며, 자연을 아끼고 사랑하는 마음에서 외도는 자연을 훼손하는 행동은 일체 허용되지 않는다는 것 또한 잊지 말았으면 한다. 마지막 글이 떠올랐다.

40년간의 수많은 직원들의 피나는 노력과 불편한 교통에도 외도를 찾아주신 손님 1천백만 명의 성원과 사랑을 저희는 기적이라 생각합니다.

가파른 언덕길을 숨차게 오르시는 여러분, 저희들은 앞으로 새로운 섬 문화 창조를 위해 최선을 다 할 것을 약속드리며 다시 한 번 감사드립니다.

돌아오는 배를 타고 섬을 벗어나오면서 인간의 지혜가 무궁무진 하다는 것을 깨닫게 되었다. 통영에서 늦은 점심을 먹고 케이블카를 타기로 했는데 4시 이전에 도착하지 못하여 타지 못하고 귀가 하는 아쉬움은 있었지만 외도를 다녀온 것만으로 감사하다.

인간의 엄청난 에너지를 다시 한 번 실감해 본다.

어머니의 다림질

남편의 옷을 몇 십 년 동안 다림질하면서도 바지를 제대로 다림질을 못한다. 몇 번 했는데도 주름이 두 줄로 잡혀 포기한 적이 오래되었다. 그런 나를 보고 남편은 자기가 하겠다고 하지만 미안해서 바로 세탁소에 맡긴다.

미국에서 시누가 왔을 때 남편 속옷을 다림질 한 적이 있었다. 시누는 "너는 속옷도 다리니 하면서 지극정성이다" 그러신다. 나는 속으로 지극정성이 아니라 시누이 앞에서 속옷 입은 남편이 구겨진 것을 보면 시누이가 흉을 볼까봐 다림질 한 거였다.

친정어머니는 지금도 남동생 옷을 다림질해서 깔끔하게 입혀 직장에 보낸다. 늘 나는 팔순이 다되어 가신 어머니에게 옷을 세탁소에 맡기지 뭐 하러 다림질 하느냐고 퉁을 놓는다.

내가 다림질을 하면 옷들이 맘에 들게 다려지지를 않는다. 남편은 보고 있다가 서툰 내가 못마땅한지 불만이다. 다림질을 하려면 여러 가지로 모양이 잘 나와야 하는데 다려놓아도 깔끔하게 되지를 않는다. 특히 요즈음 장마철이라 옷들이 거의 가 후줄근하다. 하얀 와이셔츠나 특히 바지는 더욱 힘이 든다.

친정어머니는 나 어릴 때 하얀 광목이나 모시옷들을 발로 밟아서 손질해 놓으시고 다른 옷들은 불 때고 남은 숯불을 다리미에 넣어 깔끔하게 다려 놓는다.

사실 나는 다림질을 잘 못한다. 손수 다림질을 해보겠다고 옷을 다리다가 몇 번 태워먹기도 하고 어머니처럼 곱게 다려지지가 않았다.

어머니가 남자동생의 옷들을 다림질 하는 것을 보고 있노라니 엄마의 사랑이 가슴에 와 닿는다. 뽀송뽀송하고 반듯하게 다린 옷을 입고 가는 동생을 보면서 엄마는 어려운 세상 살아가는데 따뜻한 기운으로 깔끔하고 세상과 타협하지 않고 살아가기를 희망하지 않을까

나도 아들의 와이셔츠를 다림질하면서 세상을 반듯하게 살며 행복하기를 기대해 본다. (『은평문학』 2013.)

로열베이비

영국이 로열 베이비 탄생으로 떠들썩하다.

한 일간지에는 "드디어 태어났어요. 국운을 부흥시키는 복덩이가 됐으면 좋겠어요."

영국 왕위계승 서열 3위인 '로열베이비'의 탄생에 영국 국민 뿐 아니라 전 세계가 이렇게 환호했다.

케이트 미들턴 왕세손비가 첫 아들을 낳자(2013년 7월 22일)런던 탑에서는 103발의 축포가 울려 퍼졌다. 아기는 태어나자마자 왕위 계승 서열 3위로 뛰어 오르면서 '베이비노믹스'라는 신조어까지 만들어 냈다. 약 2억 4300만 파운드(4,155억 원)의 소비 유발 효과가 기대 된단다. 아버지 윌리엄 왕자의 결혼식(2,782억 원)보다도 파워가 막강하다. 복지국가(영국)가 먹여 살려야 할 '또 하나의 입'이라는 우려 섞인 얘기도 있긴 하지만 극성스러울 정도의 경축 분위기를 보면서 갓 낳은 아기를 건물 밖으로 던져 숨지게 한 미혼모의 기사가 떠오른다.

얼마 전 중국 저장성에서 갓 태어난 아기가 화장실 오수관에 꼈다는 신고가 들어와 구조대가 긴급출동 했다.

아기 몸이 관에 꼭 낀 바람에 구조대는 관을 잘라 아기를 관째 병원으로 옮긴 뒤 실톱 등 공구를 이용해 한 시간여 만에 아기를 구해냈다.

우리나라도 서울의 한적한 곳의 교회에서 미혼모가 아기를 낳은 후 어찌할 줄 모를 때 아기의 생명을 지키기 위해 만들어놓은 베이비 박스를 떠오르게 한다.

서울 관악구 신림동에 자리 잡고 있는 기독교단체에서 만들었는데 말 그대로 아기를 넣을 수 있는 곳으로 아기를 낳았으니 양육할 능력이 되지 않거나 양육할 의사가 없을 시에 아기를 위험한 곳에 유기 하는 것을 막기 위해 생명보호의 취지로 만든 것이다.

금년만 해도 37명의 아이들이 베이비 박스에 버려졌다. 아기를 포기한 이유는 다양하다. 미혼모 미성년자 등 불륜으로 아기가 생겨서 버리는 경우도 있다.

나도 우리 집에 아기가 있다. 딸이 낳은 남아로 로열베이비만큼 인기가 많다. 집안에서 처음으로 아기가 생겼기 때문이다.

왕실이든 아니든 어느 집안에서 아기가 태어나면 아들이든 딸이든 경사 아닌 경사가 된다.

출산에 앞서 케이트 미들턴 왕세손 빈이 첫 아이가 딸이라는 점을 무심코 말했다는 소문이 퍼진 터라 공주를 기대했던 진영의 실망이 얼마나 컸으면 아기도 태어나기 전에 아들인지 딸인지 도박을 하기도 했다니 웃을 수 있는 일만이 아닌 것 같다.

영국에서는 더위도 잊은 채 축제 열기가 이어졌고 런던의 버킹엄궁 광장은 이날 이른 아침부터 왕손의 탄생을 축하했다니 영국인들의 왕실사랑은 대단하다는 생각을 했다. 여러 나라 대통령들의 영국 왕실의 경사를 축하하는 것을 보면서 과연 로열베이비구나 생각을 했다.

세계 곳곳에서는 수많은 아기들이 태어나자마자 굶어 죽거나 버려진다. 어느 한 생명도 귀하지 않는 생명이 없는데 전 세계적으로 환영을 받으면 태어난 아기가 있는가 하면 여러 가지 사연으로 축하받지 못한 아기들의 삶을 생각하니 갑자기 가슴이 답답해지는 것은 어쩔 수 없다. 생명은 똑같이 신으로부터 주어지는데 말이다.

2

하얀 찐빵

· 지금 나는 찐빵을 쪄 먹으면서 그래 내가 지금 먹는 것은 여유 있는 자가 여러 종류 중에서 골라먹는 것이고 내가 만들어 주었던 찐빵은 동생들의 간식거리 곧 한 끼의 식사였다고 나는 혼자 중얼거린다.

마중물

마중물이라는 것이 있다. 요즈음 대도시에는 사라졌지만 아직도 시골이나 수도가 들어가지 않는 곳에는 수동식 펌프를 쓰는 곳이 있다. 깊은 샘에서 펌프로 물을 퍼 올리려면 한 바가지의 물을 넣어야 한다. 이 때 이 물을 마중물이라 한다. 펌프가 말라 있을 경우 아무리 펌프질을 해봐야 물이 올라오지 않기 때문에 이럴 때 필요한 물이 마중물이다. '마중'이란 오는 사람을 나가서 맞이한다는 뜻이니 마중물은 땅속에 있는 물을 맞이하는 물일게다.

우리나라도 각 나라에 파병을 해 우리나라 마중물 역할을 하는 군인들이 생각났다.

크리스마스이브인 24일 UN 평화유지군의 일원으로 아이티에 파병되었던 단비부대가 귀국했다. 지난 2009년 발생한 대지진으로 폐허가 된 아이티 재건을 위해 2010년 2월 1진으로 보낸 '단비부대'가 6진을 마지막으로 임무를 완수하고 돌아왔다. 약 1400여 명의 장병들이 파병되어 신속하고 헌신적인 공병 및 의료 지원 중장비 컴퓨터 태권도 교실운영 등을 통해 현지 주민들로부터 환영을 받으며 임무를 수행했다고 한다.

성탄 전날인 24일 단비부대 장병들은 육군 참모총장 주관하에 가족들을 초청하여 해단식을 가졌다. 단비부대는 UN 평화 유지군의 일원으로 지난 34개월 동안 아이티 재건과 치안 유지를 위해 많은 임무를 수행했다. 특히 단비부대는 유일하게 현지인들의 마음까지 보듬어 주는 한국형 재건활동을 펼쳐 UN으로부터 새로운 파병 부대의 모습을 제시했다는 UN 및 국제사회의 평가를 받으며 대외적으로 한국군의 위상을 크게 높였다.

이런 단비부대를 보고 있노라면 이름처럼 그야말로 아이티에 단비를 내리고 임무 완수를 한 단비부대가 참으로 늠름하고 멋있다는 생각이 들며, 대한민국의 국민으로서 자랑스러웠다.

현재 우리나라는 단비부대 외에도 해외 파병의 새로운 역사를 쓰고 있는 레바논에 동명부대, 아프가니스탄에 오쉬노부대, UAE에 아크부대 또한 아덴만의 수호신 청해부대까지 해외 파병 지원을 아끼지 않고 있다.

작년 11월 동명부대에 대해 일간지에 소개되었다. 레바논인들은 한국군을 신이 보내준 최고 선물이라 극찬을 아끼지 않았다. 레바논에서 유엔 평화유지 작전(PKO)임무를 수행하는 동명부대가 파병 5년 3개월 만에 현지 주민 5만 명을 진료하는 기록을 세웠다. 2007년 7월부터 남부 레바논 티르에 주둔한 동명부대는 지난달 31일 작전지역인 샤브리하 마을에서 5만 번째 진료 대상자인 사할 헤지딘의 천식을 진단했다. 부대는 이날 기념행사를 갖고 헤지딘에게 쾌유를 기원하는 꽃다발과 선물을 전달했다.

동명부대의 이 같은 성과는 무더운 날씨와 적대세력에 의한 테러 위협이 상존하는 가운데 군의관 3명과 간호장교 2명의 헌신적 노력에 힘입은 것이다. 의료팀은 휴일을 제외하고 하루 평균 346명을 진료해 왔다. 부대가 관할하는 지역 주민이 5만여 명임을 감안할 때 산술적으로 주민 모두가 진료 혜택을 받은 셈이라고 말했다. 이처럼 우리나라의 의학적 혜택을 받지 않는 곳에 파병을 보내는 것이 바로 마중물 역할을 하는 것이다. 우리를 그간 알지 못한 나라에서 떨친 의술은 이다음 우리 의술을 필요로 하는 의술수출로 이어진다면 이는 우리 부대의 헌신이 마중물이 되는 것이다.

내 혈육 중에 딸아이와 사위와 조카가 의사다. 이 세상의 가장 큰 사명은 꺼져가는 생명을 살리는 것이라 생각한다. 옆에서 지켜본 엄마로서 나는 의사는 사명과 소명이 없으면 불가능함을 딸아이를 통해서 알게 되었다. 끊임없는 연구와 도전 인내 끈기는 그리고 환자에 대한 사랑 없이는 의사라는 직업을 가질 수 없다는 생각을 했다. 다른 어떤 직업보다 많은 생각을 갖게 만들었다.

딸아이와 사위, 조카가 먼 이국땅에 파병을 가지 않았을지라도 이

땅에서 생명이 사그라져가는 환자 옆에서 생명을 살려주는 마중물 역할을 해 주었으면 하는 바람이다. 지난날 국제사회의 도움으로 지금의 성장과 발전을 이룬 대한민국인 만큼 국제사회의 은혜를 갚고 세계 평화 유지에 적극적으로 나서는 모습은 참으로 바람직하다고 생각한다. 아무쪼록 앞으로도 우리 한국군이 해외파병 활동을 통해 세계 평화에 앞장서며, 우리의 대외적인 위상 및 인지도도 더더욱 높일 수 있기를 바란다.

기념행사에 참석한 레바논 시장은 지난 5년간 동명부대는 상처를 치유하며 새로운 희망을 안겨줬다면서 신이 레바논에게 보내준 최고의 선물이라고 극찬했다.

마중물 같은 역할을 하는 파병들을 접하면서 세계 곳곳에 다양하게 후원과 지원을 아끼지 않으며 보이지 않은 곳에서 많은 우리나라 사람들이 봉사하고 헌신하는 그들에게 아낌없는 많은 박수를 보낸다.

(『수필문학』, 2013. 6월호)

하얀 찐빵

나는 하얀 찐빵을 참 좋아한다. 시장이나 마트든 어디를 가더라도 찐빵이 있으면 꼭 사와서 먹는다. 그 맛은 옛날 엄마가 우리 남매들을 위해 해주시던 빵맛으로 잊혀지지 않아서다.

아주 오래전 엄마가 시골에서 농사지을 때다. 엄마는 농사철이 끝나면 집으로 와서 꼭 찐빵이나 감자떡을 해주시곤 하셨다.

엄마는 밀가루에 이스트와 막걸리를 넣고는 반죽을 해놓는다. 하루 정도 지난 다음 부풀어 오른 밀가루반죽과 삶아 놓은 팥을 넣어서 손으로 하나씩 하나씩 만들어 찜통에 넣어 푹 쪄서 우리남매들의 간식거리로 만들어 주셨다. 막 쪄낸 하얀 찐빵은 우리 앞에 놓으면 세상 어느 진수성찬도 바랄게 없었다. 부풀어 올라서 꽤 큰 약간은 누리끼리한 그 빵의 맛은 지금도 잊히지를 않는다. 지금은 어디 시장이나 마트를 가면 찐빵이 다양한 색깔로 만들어져 우리의 입맛을 돋우어 준다.

호박으로 만든 노란 찐빵, 쑥찐빵, 현미찐빵 등등.

그렇지만 우리 남매들이 먹던 빵맛은 나지 않는다. 30년이 다되었지만 기억이 또렷이 떠오른다. 고등학교 다닐 때였다.

엄마가 겨울이 지나 시골로 농사를 지으러 가시면 어미 잃는 새처럼 우리는 먹을 간식거리가 하나도 없었다.

나는 별 수 없이 엄마 노릇을 해야 했다. 밀가루와 감자가루를 찾아서 어깨너머로 배운 솜씨를 발휘하여 동생들의 간식거리를 만들어 주었다.

엄마가 하는 대로 대충 어림잡아 만들어보았지만 뭐가 잘못되었는지 전혀 부풀어 오르지 않아서 찐빵인지 밀가루 떡인지 알 수 없는 빵을 만들어 낸 적도 있었다. 그것을 간식거리로 내놓으면 동생들은 그나마 맛있게 먹어주곤 하였다.

지금은 여러 간식거리로 없는 것이 없고 여러 가지 빵들도 많이 나와 있어 먹어보지 못한 사람은 좋아하지를 않는다.

동네 재래시장에 연세가 지극하신 아주머니가 하는 빵집이 있어 내 얘기를 하면서 요즈음 사람들이 찐빵을 좋아하냐고 했더니 아주머니가 하는 말이 요즈음 젊은 애들이 거의 안 찾고, 50대 이후 사람들이 어릴 때 먹던 추억을 잊지 못해 찐빵을 찾는다는 말이다.

시내는 프랜차이즈 빵집이 많이 생겨나 옛날 찐빵은 찾는 사람은 별로 없지만 중년이 지난 사람들이 가난했던 그 시절이 못내 그리워 찾아보는 심정으로 사먹으로 온다고 다른 업종으로 바꾸거나 여러 가지 빵을 맛있게 만들어 내지 않으면 이 빵집도 문을 닫아야 한다고 하신다.

엄마맛과 비슷한 이곳 ○○찐빵은 꽤 유명하다. 동생이 여름휴가차 다녀오면서 사보낸 것이다. 오래전 우리가 먹던 찐빵맛이 나서 빵을 사려면 꼭 그 빵을 사서 먹는다.

엄마의 손맛이 나는 찐빵이라고 겉박스에 쓰여 있고 달지도 않으면서 어릴 적 먹었던 빵맛과 거의 비슷하다.

온가족이 집에 있을 때 쪄서 먹었더니 어릴 때 먹던 맛이었다.

지금 나는 찐빵을 쪄 먹으면서 그래 내가 지금 먹는 것은 여유 있는 자가 여러 종류 중에서 골라먹는 것이고 내가 만들어 주었던 찐빵은 동생들의 간식거리 곧 한 끼의 식사였다고 나는 혼자 중얼거린다.

부모님이 안 계신 그 빈자리를 내 동생들의 배고픔을 해결해 주었던 보기에도 별로 맛있게 보이지 않았던 누리끼리한 찐빵은 영양가는 없었겠지만 엄마의 빈자리와 나의 정성이 들어 있어 그 찐빵은 최고의 간식거리가 아니었겠는가.

고생스럽던 그 시절이 가끔 꿈속으로 나를 이끌어 그 옛날로 돌려놓는다.

아침밥

이른 아침 나가기 전에 아들을 깨웠다.

"아침 먹을 거야, 안 먹을 거야." 내 말이 떨어지기가 바쁘게 지금 밥을 먹지 않는다는 아들의 말에 나는 일찌감치 집을 나설 준비를 한다.

교회 봉사하러 일찍 나가야 하기에 시간도 없지만 이른 아침에 밥을 먹는다는 것은 고역이다.

남편이 집에서 회사 다닐 때는 그래도 곧잘 아침을 먹곤했다. 어느 날 갑자기 우리 부부는 주말부부가 되었다. 남편이 사위를 도우러 평택으로 가서 주말에 오기 때문에 몇 번 먹던 아침식사도 사라졌다.

남편은 국과 찌개가 있어야 식사를 한다. 아침 일찍 일어나 꼭 국물 있는 것을 요구하는 남편 때문에 가끔 원망이 되고 귀찮아했다. 어쩌다 힘들어서 젊은이들이 좋아하는 빵이나 다른 것으로 대치해서 주려하면 아침 식사를 하지 않고 얼굴이 잔뜩 부은 얼굴로 출근하곤 했다.

그럴 때는 하루 종일 주부가 할 일을 하지 않은 것 같아 미안하기도 하고 혼자말로 빵이라도 먹고 가지 왜, 그럴까 하면서 아내를 조금도 배려해 주지 않는 남편이 이해가 되지 않았다.

그래도 그이가 있을 때는 이른 아침 입맛이 없어도 억지로라도 남편 때문에 같이 먹었는데 그나마 하루 이틀 밥 먹던 시간도 없어졌다.

요즈음은 아침엔 밥과 국을 준수하던 보수적인 아버지 세대의 퇴장이 진행되는 탓에 집안에서 아침에 밥을 구경하기 점차 어려워진 것 아닌가 싶다. 요즘에는 준비가 간단한 빵과 계란요리, 또는 곡물을 우유에 말아먹기, 전 날 먹다 남은 피자를 데우기도 한다. 얼마 전 외국계 패스트푸드점에서 간단한 아침거리를 제공한다는 광고에 이른 아침에 가봤다. 책가방을 든 중고등학생도 몇몇 보였다.

방송에서도 가끔 의사들이 하는 말이 아침을 먹어야 다이어트에 좋고 머리도 좋아지고 건강하다는 얘기다. 아침에 밥이나 빵 등 탄수화물 등을 먹어야 뇌가 움직이고 잠자는 사이에 느려진 신체 활동도 정상화된다며 아침식사를 해야 모든 신체의 기능들이 제 역할들을 한다는 말이 설득력 있게 들렸다. 그 방송을 보고나서 요즈음 나는 빵 한 조각에 쉐이크를 갈아먹곤 한다.

조선시대에 왕세자들은 새벽에 일어나 책읽기를 했는데 이 때 물엿인 조청 두세 숟가락을 먹고 시작했다. 아침 밥상을 받기 전까지 두뇌에 줄 에너지를 보충하는 것이다. 아침을 거르는 것보다 즉석 음식점에서라도 해결하는 것이 더 낫겠지만, 저녁에는 학원에 가느라 편의점

삼각 김밥으로 때우는 학생들이 많다고 하니 이러다가 집안에 부엌이 사라지지 않나 집밥이 사라지고 외식으로만 사는 우리나라가 되지 않을까 우려가 됐다. 사실 나같은 엄마가 아들하나도 제대로 챙겨주지 못하면서 낮선 학생들의 집밥 사정을 걱정하는 차원이 우습기는 하다.

내 지인들은 주말부부인 나를 많이 부러워 한다. 식사 챙겨주지 않아서 얼마나 좋으냐고 말이다.

어느 정치인이 한 말이 불쑥 생각이 났다. "국민에게 저녁 있는 아름다운 삶, 아름다운 모습을 해주고 싶어 놓라"고 말이다.

남편이 없는 요즈음 온가족이 식사를 하는 모습이 참으로 얼마나 괜찮은지를 말이다. (『은평문학』 2014. 10.)28.)

엄마, 엄마

나에게는 딸이 낳은 손자 한나가 있다. 하나님이 예쁜 천사를 우리 집에 보내준 것 같다. 딸아이가 직장생활을 하다 보니 가까이 사는 이모할머니가 하루 종일 범준이를 돌보면서 손자를 챙긴다.

가끔 내가 데리고 자는데, 범준이는 자다가 "엄마, 엄마" 하며 엄마를 찾는다. 무심결에 하는 말이지만 가슴이 너무 아프다. 엄마 소리에 나는 가슴이 먹먹해진다.

범준이는 나를 확인했음에도 다시 "이모할머니, 이모할머니" 하며 찾는다. 이모할머니 내일 아침에 온다고 하니 그제서야 다시 잠이 든다.

우리 아들이 어릴 때 일이다. 신앙생활을 한지 얼마 안 된 때의 일이다. 하나님을 만난 후 나의 신앙이 최고인줄 알고는 정신없이 교회를 다녔다. 말로 표현할 수 없는 기쁨으로 교회에서 나오라 하면 한 번도 빠짐없이 나가곤 했다. 당시 금요철야기도는 새벽 4까지 진행되었다. 철야기도회가 끝나면 5시에 시작하는 새벽기도회까지 드리고 집으로 향했다.

금요기도회를 하러 갈 때는 4살배기 아들을 집에 재워놓고 갔다 오곤 했다.

서너 번 바꿔 타고 다녀야 하는 대중버스에 아기가 시달릴까봐 데리고 다니지 않았는데 당장은 힘들어도 데리고 다니는 것이 더 큰 사랑인 줄 몰랐다.

어느 날 주인아주머니가 나를 불렀다. 무슨 일인가 걱정도 되고 집값을 올려달라는 것인가 하는 걱정스런 마음으로 갔는데 그녀가 하는 말은 나에게 크나큰 아픔이 되는 얘기를 해주었다.

아기가 깨서 새벽 1시만 되면 지하에서 3층까지 올라와서 문을 두드리며 엄마를 찾는다는 것이다. 내가 없을 때마다, 밤마다 찾아다닌다는 것이다. "애기 엄마, 아기를 데리고 다니지, 아기를 두고 다니는 법이 어디 있어." 하며 화낸 소리로 쏘아붙였다.

나는 순간에 이런 일이 있었나. "아. 내가 잘못 했구나 아기를 데리고 다니는 것인데…." 그때부터 나는 가슴이 찢어지는 고통을 맛보게 되었다.

아들은 중학교 때까지 자다가 갑자기 엄마를 찾아 박차고 밖으로 나가곤 했다. 처음에는 애가 왜 그런가 하고 나가는 것을 계속 붙잡고는 했다. 알고 보니 그것이 몽류병이란 것을 알게 되었다. 그 병은 중학교를 마칠 때까지 지속되었으니, 지금도 아들을 생각하면 가슴에 피멍울이 져서 울음이 터져 나온다. 어리석은 엄마로 인해 아들은 얼마나 무서웠겠는가.

아들 어릴 때는 너무 순해서 목욕하자면 그냥하고, 잘 때 되면 이불 위에서 우유 먹고 뒹굴뒹굴 하며 잠들곤 했다. 내가 너무 졸려서 자더라도 그냥 뒹굴뒹굴 하다 자는 순한 아기였다. 일부러 엄마가 잠든 척 숨소리를 크게 한번 하면 옆에서 자고 있던 아기였다.

내 신앙이 최고인줄 알고 그런 아기를 두고 다녔으니, 지금 생각하면 한심스런 일이다. 요즈음 손자 범준이를 보고 있노라면 아이들에게 엄마노릇 제대로 못한 일들이 새삼 떠올라 나를 여러 모로 힘들게 한다.

엄마랑 둘이 붙어 있어도 아쉬울 때인 우리 손자 범준이는 평소와 같은 하루를 보내고 있다. 어린이집 다녀오고, 이모할머니랑 간식을 먹곤한다. 그런 모습이 대견하다.

손자 범준이가 커가는 것을 보면서 능력껏 해주지도 못하지만, 모든 것이 내겐 행복이다. 엄마란 행복의 이름표를 받은 것도, 그렇게 열심히 매일을 살고 있는 내게도 감사하다.

나도 엄마란 이름으로 태어난 그냥 아무렇지 않은 엄마의 모양이다. 자식을 키우고 있는 엄마들은 무조건 사랑이 많은 엄마로 부리고 싶을 것이다. 늘 사랑을 주는 최고의 엄마로 살고 싶을 게다.

청년이 된 아들을 보면서 별 다를 거 없는 엄마이면서, 특별한 엄마는 더더욱 아니면서 아기 옆에 있어 주지 못했을까, 30여 년 전 다시 그 시절이 돌아온다면 종일 아들의 옆에 있어주는 엄마가 되고 싶다.

요즈음 길을 가다가도, 무슨 일을 하다가도, 지나가는 아이들이 "엄마, 엄마" 소리만 내도 나는 아들의 어릴 때 모습이 떠올라 발걸음을 멈추게 된다.

우리 동네

서울의 오지인 우리 동네는 북한산 바로 밑이다. 서울에서 가장 멀기도 하지만 그만큼 공기는 좋은 동네다. 특이한 것은 우리 동네는 은평뉴타운인데 친환경도시라고 마을버스도 들어오지 않는다. 시내 나갔다가 들어가려면 15분 정도를 걸어서 들어가야 하니 지치고 피곤할 때는 십리를 넘어가듯 발이 무겁게 느껴진다.

그날도 천천히 개천을 타고 집으로 걸어가는데 집 앞 다리 앞에서 학원버스 한 대가 멈춰 섰다.

승합차의 문에 옷이 끼여 사고를 당하는 어린이가 늘어나자 안전한 승하차를 법률로 의무화 했다는 소식을 들었던 터였다. 버스에선 사범인 듯 태권도복 차림의 젊은이가 내렸고 초등학교 아이가 뒤따랐다.

두 사람은 대견하듯 마주보며 정중하게 허리를 굽혀 작별인사를 하는 것이었다. 몸짓에서는 법규에 억지를 따르는 것이 아니라는 진정성이 읽혀졌다. 태권도의 기술은 물론 예절까지도 제대로 가르치는 모습에 뜻밖의 작은 감동이 일었다.

동생한테 들은 얘기가 생각난다.

초등학교 다니는 아이가 오는 시간에 아파트에서 문을 열고 학원 끝나고 아이가 오는 것을 보고 있는데 순간에 아이를 보지 못한 큰 트럭이 그만 치고 말았다.

아들을 지켜보고 있는 엄마는 바로 뛰어 내려와 아이를 안았지만 그 아이는 그만 그 자리에서 죽고 말았다. 동생 친구는 아이를 잃고는 오랫동안 힘들어 하다가 외국으로 이민 가서 산다는 이야기를 해주었다.

우리 사회를 옛날에 비하면 부정적으로 규정하는 사람도 몇몇 있지만 더 좋은 사람이 많이 사는 사회다. 평범한 아파트 단지인 우리 동네를 보면 여전히 모든 주민들이 부정적인 것보다 좋은 사람이 더 많은 것 같다. 눈 내린 아침이면 누군가 계단을 깨끗하게 쓸어 놓는다. 그리고는 앞마당 뒷마당까지 다 쓸어 놓는다.

에레베이트나 현관에서 마주친 아이들은 처음 보는 어른에게도 머리를 숙여 명랑하게 인사한다. 이런 사회를 비정상이라고 한다면 설득력이 있을 리 없다. 부정적이라는 생각은 오히려 마음속에서 비롯된 것이 아닐까. 올해는 나와 생각이 다르면 부정적으로 보는 시각부터 바꿨으면 좋겠다.

예의를 갖추면 내리는 아이나 선생님을 보면서 우리 동네가 친환경 아파트라는 이미지 보다 아이들이 잘 자라 유명인들이 많이 나오는 동네로 자리매김했으면 하는 바람이 기우가 아니길 바랄 뿐이다.

남편과의 대화

가끔 식사 끝내고 남편과 얘기 할 때가 있다. 이런 저런 아이들 얘기부터 시작하여 집안의 행사까지 얘기를 나누곤 한다.

남편은 가끔 우리 대화 시간이 20분 넘었네, 아니면 30분 넘었다. 그러면서 곧잘 우리 대화 시간이 늘어난 것에 대한 것을 강조하면서 우리가 변해가고 있음을 상기 시킨다.

나는 남편에게 "별걸 시간을 다 재시네요." 하곤 한 마디 하지만 새삼 나도 우리 부부가 변해가고 있음을 실감한다.

젊어서 우리 부부는 대화를 10분도 가지 않았던 생각이 든다. 바쁘다는 핑계도 있지만 그만큼 대화가 없었다.

처음 서로가 각기 다른 환경에서 몇 십 년을 살다 같이 살다보니 서로가 맞지 않는 부분이 많았다. 어찌 보면 당연한 것인지 모른다. 옷걸이에 옷을 거는 것부터 시작하여 양말 벗는 것, 하나하나가 다 맞지 않았다.

연애할 때는 단점은 안보이고 좋은 점만 보여 결혼을 하지만 막상 결혼을 하고 보니 서로 단점만 보였다.

어느 일간지에 소개된 설문조사에서는 부부의 대화 시간이 30분도 안 된다는 내용이었다.

이 내용을 보면서 한탄이 쏟아졌다. 기혼자 992명에게 물어보니 약 40%가 30분미만이라는 것, 중요한 모임으로 늦은 귀가 34.4%, TV, 컴퓨터, 스마트폰 이용이 29.8%, 자녀 양육이 19.2% 등이 제시 됐다. 대화 내용도 자녀교육과 건강 집안 대소사가 약 70% 가까이 된다.

2000년대 초쯤 무뚝뚝한 경상도 남자가 퇴근해 집으로 돌아오면 부인과 딱 세 마디를 한다는 이야기가 유행했다. "아는(애는), 밥도(밥주라), 자자"가 그것, 비록 30분 미만이지만 남편의 일방적인 세 마디로 끝나는 과거의 부부에 비해서 요즈음은 그래도 많이 대화를 좀 하는 편이니 얼마나 다행이냐는 생각이 든다.

요즘 우리 부부는 많이 변한 편이다. 우리는 30년 넘게 같이 살다 올해부터(2014년) 원하든 원치 않았던 자연스럽게 주말 부부가 되었다. 처음에는 만나지 못하니 필요한 일로만 얘기를 한다. 전화로 시시콜콜 대화할 일도 없을뿐더러 전화로 오래 한 적이 없다.

주말마다 남편을 만나니 여러 가지 할 얘기가 많아진다. 일주일 동안 일어났던 매스컴에서 다룬 내용들부터 사회, 경제면 등. 소소한 애기서부터 아들, 딸 애기. 시댁과 친정식구들의 조그만 일이라도 남편에게 보고차 얘기를 하다 보니 시간이 20분에서부터 계속 늘어나기 시작했다.

여느 부부는 남편이 정년퇴직을 해서 집에 있는 시간이 많아지고 보니 출퇴근 할 때는 모르다가 같이 있는 시간이 많아져 오히려 말다툼이 생긴다고 한다. 서로의 흠결이 보여 대화단절이 저절로 된다며 집 밖으로 나오게 된다는 얘기를 들은 적이 있다. 그런 얘기를 들으면서 우리 부부가 50대 중반이 넘어서 주말 부부가 된 것을 좋아 해야 하는 것인지, 나빠해야 하는 것인지 웃고 넘어 갈일이 아닌 것 같다.

어쩌다 주말에 비가 오면 남편은 괜히 센치해진다. 70~ 80년대 음악을 틀어놓고는 같이 음악 감상하자며 자기랑 같이 앉아 커피라도 타 놓고 같이 분위기를 즐기자는 그런 사람이다. 그 시간에 책을 보거나 그림을 그리다가도 남편이 오라하면 그 옆에 앉아서 같이 분위기를 맞추면서 얘기를 많이 나눈다.

남편은 가끔 집으로 전화해서 보고 싶다는 말을 한다. 그 말을 듣고 혼자 픽웃곤 한다. 우리 부부가 많이 변화긴 변했군. 라는 생각이 든다.

부부는 가끔 떨어져 사는 것도 좋을 듯싶기도 하다.

요즈음 우리는 많은 시간 같이 하지 못하니까 없는 시간을 쪼개 대화하고 애정표현을 하려고 노력하고 있다. 처음에는 닭살이 돋는 듯 하겠지만 습관이 몸에 배게 되면 자동적으로 애정이 돋아나서 대화시간이 점점 늘어나지 않을까 해서다.

대화의 부족으로 부부의 미래가 불투명했던 것이 젊을 때의 우리 부부의 자화상이었다면, 불혹이 지난 앞으로의 삶은 사랑이 담뿍 담긴 눈길로 지그시 바라보는 것만으로도 대화가 될 수 있을 것 같다. 무언의 대화는 더욱 큰 사랑으로 쌓여 갈 것이기 때문이다. (2014. 11.)

딸이 좋아

우리 딸이 둘째 아이를 가졌다. 5개월 되어서 아들이라는 것을 알게 되었다.

나도 마찬가지지만 첫째도 아들이라 아이에게는 아들이 더 나을 거라는 지배적인 생각들을 가지게 되었다.

우리 딸은 두 번째는 딸이었으면 하는 바람이었던 갔다. 나도 사실 두 번째는 딸이 태어나 자기 엄마에게 친구겸, 말동무겸 엄마에게 위안을 주었으며 하는 생각이었다.

10여 년 전만 해도 딸만 가진 자들은 아들 갖기를 소망하여 낳기 전에 성이 무엇인지를 알고 싶어 했다. 딸이면 낙심이 이만 저만이 아니고 대리모까지 해서 아들 낳기를 소망하던 시대도 있었다. 더 역사적으로 거슬러 올라가며 씨받이를 두기도 하는 시대도 있었다.

현시대는 완전히 바뀌어져 모두가 아들보다는 딸이 좋다고 이구동성이다.

2013년 남아 출생성비가 105.3명이다. 여자아이 100명당 남자아이가 105.3명이라는 얘기다. 자연 상태에서 남녀 출생의 성비는 남아가 3,7%정도 더 높다는 점을 감안하면 정상이다. 통계청이 통계를 작성한 1981년 107.1이래 최저치다. 한국의 남아선호 사상은 1981년 이래 거의 매년 상승해 1990년 116.5명으로 최고치를 찍었다. 116.5명이란 성비는 1990년생 남성이 동년에 태어난 여성과 모두 혼인한다고 가정했을 때 남자 5명에 약 1명꼴로 신부를 찾을 수 없다는 이야기였다. 당시 언론에서 '신붓감 부족'을 심각하게 우려할 만했다. 이후 남녀 성비 불균형은 16년간 지속되었다. 2007년 106.2명으로 하락해 정상화 됐다. 아들을 낳고자 불법으로 규정된 태아 성감별을 하고, 여아로 판별되면 낙태를 하는 등의 비인간적인 행위가 사라지고 있다는 사실에 안도 한다.

남아를 선호하던 시대는 지나고 여아를 선호하는 시대가 도래하고 있다 해도 과언이 아니다.

변화하는 사회적 현시대와 맞닿아 있다. 남녀 모두가 고학력으로 남존여비가 사라지고 사회가 크게 개선되는 계기가 된 것이다.

여기저기서 딸들이 부모에게 더 잘한다는 얘기를 많이 듣는다. 나도 내 딸이 부모에게 잘해서 자랑스럽고 고맙다.

은근히 두 번째는 딸이 나와서 내 딸에게 잘해주었으면 하는 마음이 간절했다. 그렇지만 생명은 인간이 만드는 것이 아니라 절대자가 점지 해주는 것을 우리 인간들이 어찌 알겠는가.

남녀 평등이 대등해지면서 공부 많이 시킨 아들이나 딸이 부모를 공경하고 더 이상을 아들이 책임지지 않아도 되고 국민연금과 개인연금 등으로 사회적 책임으로 인해 딸들도 벗어나게 되었고 조상섬기는 그런 예도 사라지므로 인해 아들이 꼭 필요하다는 인식이 없어지게 된 것이다.

딸들은 사근사근하면서 엄마와 가깝게 지낸다. 아들들은 조금만 커도 부모 옆에 오지를 않고 자기세계에 빠지게 되면서 부모의 곁에 오지 않는 횟수로 말미암아 딸들을 선호 하는 것 같다.

미래에는 아들이 데릴사위로 가는 시대가 되어 모계사회가 지배적으로 가시화 될 것 같다. 나도 아들이 있지만 지금부터 장가가면 사돈쪽에 마음을 더 써라 하며 간접적으로 세뇌시키고 있다.

고려시대마냥 신랑이 처가로 가서 신부와 함께 사는 장가가기로 바뀔지 알 수 없는 일이다. 우리나라처럼 아들만을 고집하던 시대는 지나가고 시대의 흐름 따라 딸을 선호하는 모계사회가 시작되는 느낌이다.

나는 내 딸이 낳은 두 번째 아기가 지금부터 기대가 된다. 아들, 딸 상관없이 귀여운 내 손자가 또 태어나는 것이 신기할 뿐이다.

(2015. 1.)

손자 범준이

우리 손자가 만 4살, 우리나라 나이로 하면 5살이다.

한글은 거의 다 깨우쳤고 영어도 알파벳을 거의 다 알고 있다. 내 동생, 이모할머니가 백일이후부터 한글공부를 가르친 것도 있지만 늘 책을 가지고 논다.

스마트폰 가지고 놀면서도 많이 깨우치기도 했고 한 가지를 가르치면 여러 가지를 터득한다.

스마트폰을 가지고 자기가 앱을 다 따와서 깔고 놀기도 하고 컴퓨터를 가르쳐 주지도 않았는데 자기가 켜고 여기저기 프로그램에 들어가서 놀기도 한다.

삼촌이 가르쳐 주는 것도 아니다. 요즈음 아이들이 매스컴의 발달로 다 그런다 하니 할 말이 없지만 근데 가장 중요한 것은 말이 더디다.

하긴 에디슨도 엉뚱한 일을 많이 하고 말도 6살에 했다고 안심하라고 하는데 사실 걱정이다. 눈으로 다 읽고 다 아는데 말을 못하는 것은 아인슈타인 증후군이라고 한다나, 영특하지 않아도 좋으니 다른 아기들처럼 말을 잘했으면 좋겠다.

올해 들어와서 여러 단어를 가지고 길게 말을 늘어놓는다. 밥 먹다가도 수저에 밥과 반찬을 올려주면 "할머니 입에 밥이 있어요." 한다든가. 텔레비전 보고 싶으면 "할머니 30분만 볼게요." 그런 식으로 단어들을 연결해서 말을 많이 하고 있다.

하루는 내 스마트폰을 가지고 놀다 내가 알지 못하는 프로그램을 꺼내놓았다. 내가 보기에 유익한 프로그램이기에 "범준아 어떻게 했니.", "할머니 해볼까." 했더니 프로그램을 찾아 들어가 나에게 알려준다.

주말인 토요일은 거의 내 곁에서 책을 보거나 텔레비전을 본다.

요즈음 아기들이 여느 집 없이 다 똑똑하긴 한데 겁이 없다. 동생네 집에 강아지가 있는데 작은 강아지라 그렇지 범준이보다 나이가 2살이나 많다. 범준이 누나라고 할 수 있다. 솜이(강아지 이름)를 보면 서로 좋아서 난리다. 잘못하다 솜이가 할퀴면 울고불고 하며 때려주라고 자기가 회초리를 가지고 때린다고 난리 통을 친다.

한 살 더 먹은 다섯 살이 되어서 그런지 우리 집 전체를 난리를 치고 다닌다. 얼마나 개구쟁이인지 이모할머니나 내가 그 아이를 어떻게 해보지를 못한다. 늘 시야에서 벗어나지 않게 보고 있지만 시야만 벗어나면 말썽을 피고 다녀서 어찌 해 볼 수가 없다.

이놈이 얼마나 겁이 없는지 강아지 입속에 손을 넣지를 않나 강아지를 따라 다니면서 귀찮게 한다. 솜이도 처음에는 좋아하다가 같이 왕왕거려서 도무지 같이 있게 하지를 못한다. 이놈 무엇이 불만스럽던지 아님 심각하게 컴퓨터를 보고 있다가 소변이 마려운지도 모르고 오줌을 삼촌 방 의자에 싸버렸다.

삼촌이 "소변을 어디서 싸는 거야"하면 화장실이라고 말을 한다. 삼촌이 다시는 의자에서 오줌을 싸면 안 된다고 다짐을 준다. 그러면 절대 안 그런다고 싹싹 빈다.

언젠가는 종일 텔레비전 앞을 떠나질 않아서 혼을 냈다. 아무래도 버릇을 좀 고쳐야겠다는 생각에서 혼을 내도 막무가내다. 효자손으로 발바닥을 한 대 때렸다. 또 보면 때린다 했더니 때리지 말라고 싹싹 빈다.

매를 맞았는데도 이놈이 언제 그랬냐 싶게 할머니, 할머니 하면서 발음이 정확하지 않는데도 여러 가지 단어를 나열해가면서 나에게 얘기를 한다. "외할머니 좋아." 하며 동그라미 뽀뽀를 한다. 이마, 코, 입 얼굴 전체를 쪽쪽 뽀뽀 해주는 것을 말한다. 나는 그 소리가 얼마나 좋은지 "나도 범준이 좋아."

낮잠을 자지 않으면 피곤 할 텐데도 에너지가 차고 넘쳐서 잘 때 까지 쫑알쫑알 말을 쉬지 않고 한다. 내 동생은 만 4살짜리인 아기가 저렇게 쉬지 않고 돌아다니고 말을 하고 아기가 많냐고 나한테 얘기를 한다.

그런데 요즘 참으로 황당하기도 하고 젊은 엄마들이 문제라는 생각과 함께 요즘 어디가나 특히 식당 같은 곳에 가면 젊은 부모들이 애들을 방목하다시피하고 남에게 피해를 주어도 기를 살린다는 미명하에 내버려 둔다. 난 이런 모습을 보면 서글퍼진다.

미국이나 유럽이 애들을 자유분방하게 키운다지만 공공질서, 남에게 폐를 끼치는 행위는 강력하게, 분명히 통제한다는 얘기를 언젠가 이민 간 친구에게 들은 적이 있다.

저녁에는 야단을 맞아도 금방 "할머니 책읽어주세요." 하고 배고프다며 달라고 한다.

밖으로 나가면 모든 사람에게 인사를 한다. 청소하시는 아주머니, 경비원 아저씨 하며 온 동네 사람들을 다 아는 척하며 막 달려가서 껴안기기도 한다.

그러나 조손간이란 참으로 웃긴다. 금방 얻어맞은 놈이 할미는 삐져 있어도 쪼르르 달려와 내 입에 뽀뽀를 하고는 자기 맘에 안 들었는지 강아지 솜이를 때리라고 난리다.

할아버지가 오는 주말에는 말을 해달라고 난리다. 할아버지 등에 올라가서 "할머니" 하며 나를 불러댄다. 나랑 같이 할아버지 등에 올라가서 이랏이랏하며 웃고 난리다. 나도 같이 하면서 그 광경이 얼마나 우스운지 나까지 크게 소리를 내며 웃는다.

집안에 아기가 있으니 온 가정이 웃음꽃이 끊어지지 않는다. 손자 범준이는 지금도 사방팔방으로 휘젓고 다닌다. 조용하며 무슨 말썽이 나고 있는 증거다.

조용해서 가보니 삼촌 방에서 컴퓨터를 켜놓고 맘 놓고 앱에 들어가 프로그램에서 놀고 있다.

요즘 아기들 다 그런가요? 우리 범준이만 그런 거 아니죠? 사람들에게 묻고 싶다.

손자 범준이는 지금도 여전히 말썽중인지 조용하다. (2015. 1.)

조카 수빈이

- 네 번째 얘기

우리 조카 빈 공주가 초등학교 졸업을 하는 날이다. 조금 늦어서 부랴부랴 갔더니 학사모를 벌써 벗었다. 카톡으로 실시간 보내준 사진이 있어서 보고 싶었는데 일찍 벗어놓고 나왔다. 빈이의 학사모 쓴 모습이 보고 싶었는데 아쉬웠다.

요즘은 학생 수가 적어서 모두가 학사모를 쓰고 졸업식을 하는 모양이다. 아주 예쁘다. 내 조카라 그런지 더 예쁜 것 같다.

초등학생 졸업생들이 키가 거서 숙녀 같다. 내 조카도 작은 키는 아닌데 다른 아이들에 비해 작아 보인다. 친구들하고 사진 찍고, 친지들하고 찍고, 마치 축제 분위기다. 졸업생 한 명에 축하객이 더 많은 것 같다. 우리도 6명이나 왔으니 말이다.

아이들이 적어 모두가 가족 같은 분위기다. 빈이는 사진찍자 해도 쭈뼛쭈뼛 영 마음이 내켜하지 않으며 수줍어한다. 그래도 이모들하고 한 컷, 자기 엄마 아빠하고 한 컷, 할머니하고 다 같이 한 컷, 추억의 사진을 남겼다.

빈 조카의 졸업식을 맞아 다시 한 번 가족들이 한자리에 모이게 되었다.

많은 학교들이 졸업식을 하는 바람에 여기저기 음식점을 찾았지만 가는 음식점마다 축하객들이 많아 수빈이가 원하는 음식점을 가지 못하고 칼국수와 만두, 수수 쭈꾸미 등을 파는 음식점을 가게 되었다. 다양한 음식들이 우리 모두의 입맛을 돋우기에 충분했다.

수빈이 어릴 때부터 나는 지금까지 늘 빈 공주라 부른다. 귀여운 아기였기 때문이다. 조카들이 자라고 아기가 없을 때 태어난 아이들이 바로 수빈이와 영준이다. 그 조카들이 얼마나 예쁜지 내 책에 글을 쓰게 된 동기가 된 것이다.

요즘 수빈이는 사춘기란다. 수빈이 엄마가 하는 말이다. 말도 잘 안 듣는다는 얘기다. 평소와 달리 말도 없고 조용하며 표정도 없어지고 벌써 사춘기가 온 것 같다나.

매일 수학공부다, 영어공부다, 아이들이 정신이 없는 것 같다. 공부에 치어서 정작 자기가 하고 싶어 하는 것을 하는지가 의심스럽다.

빈이는 자기를 가리키는 선생님을 좋아하며 그 과목은 공부를 잘한다고 한다. 지금은 영어선생님을 좋아해서 영어를 아주 잘한다. 과목을 가르치는 선생님이 빈이 걱정은 안 해도 된다하니 영어에 있어서는 걱정이 없을 것 같다.

어릴 때 어떤 선생님을 만나느냐가 중요하다. 어릴 때 야단맞던 어떤 지인은 1등에서 꼴등으로 되었고, 학년이 바뀌고 다른 선생을 만나니 공부를 잘하게 되었다는 얘기다.

지금은 초등학생 때부터 영어를 가르쳐서 독해부터 문법, 회화까지 모르는 것이 없다고 하니 요즘 세대는 빠른 세월만큼이나 급변하고 있다.

숙녀가 되어가는 수빈이를 보면서 참 세월이 빠르다는 생각이 든다. 우리 삶을 점점 바꾸어 가는 의미를 되새기게 된다. 완성되어 간다고 할까.

이 글을 정리 하고 있는 북한산 밑 우리 집 아파트는 부슬부슬 비가 내리고 있다. 가물어서 기다리던 단비다. 이슬비처럼 많은 사람들에게 소리 없이 스며드는 사랑받고 인정받는 자가 되길 기대해 본다.

사랑하는 수빈아! 다시 한 번 졸업을 축하한다. 중학교 가서도 건강하고 예쁘게 생활하길 바란다. (2015. 2. 수빈이를 사랑하는 이모가)

조카 영준이
- 네 번째 얘기

영준이를 못 본지 오래되었는데, 영준이 큰누나 졸업식에서 보니 청년이 다되어 있었다. 벌써 초등학교 6학년이 되었다.

태어날 때 약하게 태어나서 몸이 약하지 않을까 걱정이었는데 그것은 나의 작은 염려에 불과 했다.

작년 여름에 한 달 동안 조카 수빈이와 그림을 가르친 적이 있었다. 둘이 어릴 때부터 같이 자라서인지 단짝이다. 자기 엄마에게 끌려서 토요일마다 한 달 정도를 내 곁에 오게 되었다.

2명을 가리키면서 세월이 참 빠르다는 것을 실감하면서 아이들의 스케치 하는 손을 잡아주었다.

둘 다 머리가 좋아서인지 그림을 가리키는데 바로 이해를 하고 잘 따라 주었다.

수빈이, 영준이는 셋째, 넷째 동생이 늦둥이를 낳는 바람에 몇 달

차이로 어린 조카를 두 명을 보게 되었다.

아이들은 다 예쁘다 하지만 나이가 다 들어서 보는 아기들은 더 사랑스럽고 예쁘다. 당시 내 조카들은 사랑스러웠다. 영준이는 거무틱틱하면서 남자 티가 났었고 조카 수빈이는 하얀 얼굴에 영락없는 예쁜 여자아기였다.

그런 아이들이 커가면서 자연스럽게 남성스럽게 변한다는 사실과 여성스럽게 변한다는 사실에 새삼 실감이 되었다.

영어에 관심을 가지고 열심히 공부하고 있는 조카 영준이, 3살 때부터 컴퓨터 마우스를 가지고 단어를 찾아가던 조카 영준이다.

조카 영준이는 영어 공부를 잘하여 모르는 단어가 없다. 아기였을 때 영준이가 보고 싶으면 찾아가곤 했다. 아기는 누나들이 일찍이 인터넷을 가리켜서 마우스를 자유자재로 사용하여 한글뿐만 아니라 인터넷 영어 동요로 알파벳을 깨우치고, 많은 단어를 알게 되었다. 뭘 하나 보면 늘 단어 공부를 하고 있었다. 영어를 배우기 시작하는 초기에는 단어를 많이 아는 것이 중요하고 많이 알면 좀 더 쉽고 재미있게 공부할 수 있으니까. 앞으로도 꾸준히 단어 공부를 하기 바라는 마음이다.

그림을 가리키면서 장난치듯 영준에게 남자 조카가 영어로 무엇인지 궁금하다고 가르쳐 달라했더니. 영어로 'nephew(네퓨)', 여자조카는' niece(니스)'라고 한다.

"잘 기억해 두겠어요. 우리 영준이 했다"

영준이는 시원스런 큰 눈에 웃음을 지어주었다. 내 조카 영준이가 왜 귀여운지를 알았다.

조카에게 꿈이 뭔지를 아직 물어보진 않았다. 앞으로 많은 시간이 있고 세월이 있고 세기가 있기 때문이다.

많은 세월동안 자기가 하고 싶은 것이 무엇인지 잘 정해서 하길 바랄 뿐이다.

네 번째까지 조카 수빈이 영준이 이야기를 쓰는 것은 당시 아기조카들 탄생으로 모두가 환호하였고, 그 아기들로 인해 우리 부모부터 시작하여 남매들 모두에게 행복을 주었기 때문이다.

영준아! 네 번째 이 글을 쓰고 있는 북한산 밑 이모 집은 우우웅 바람소리가 내 귓가를 맴돌고 있다. 꽃샘추위로 올 겨울도 그냥 지나가지 않는다는 것을 나이가 많아지니 더 실감이 되는 것을 느낀다.

나중에 어른이 되어서 조카 수빈, 영준이가 큰 이모를 기억해 주길 바라면서 이 글을 마친다. 그럼 안녕. (영진이를 사랑하는 큰 이모가)

사랑의 반지

외출을 하려고 하니 아침나절 내내 마음이 편치 않다. 행사에 참석차 나가려다 화장대 서랍을 보니 제대로 된 액세서리 하나 없다. 그 흔한 보석반지 하나 없는 것은 그렇다손 치더라도 동그란 금반지 하나 없다.

하긴 결혼할 때도 금18K 가락지 하나를 받았다. 내 공부하고 아이들 공부시키느라고 보석을 사려고 생각한 적이 없었기 때문이다.

모든 여자들의 로망인 반지는 종류도 수십 수백 가지 일게다. 다이아, 사파이어, 비취, 진주 등등.

오래전부터 부의 상징으로 손에 끼고 다니는 반지는 사랑의 증표인 동시에 여러 가지 유래가 있는 것을 볼 수가 있다.

반지는 서로가 사랑하고 존중할 때 주고받는 것과 기념을 위한 반지도 있으며 부의 상징으로 끼고 다니기도 한다. 남녀간의. 사랑의 증표인 반지는 참으로 소중하게 여긴다.

10년 전 다이제스트에서 본 실화인데 감동적인 글을 읽었다.

41년 만에 돌아온 반지는 나를 다시 한 번 돌아보게 만든다.

2차 대전이 발발하고 있을 때 소련은 미 공군 폭격기의 꼬리에 총탄을 퍼부어 꼬리를 날려버렸다. B-29 폭격기는 불꽃과 검은 연기를 뿜으며, 왼쪽으로 급선회하더니 곤두박질치기 시작했다.

이 장면을 목격한 4마일 아래 바다 위에서는 소련 해양 경비대 소속의 하사관 바실리 사이코(24세)가 초계정 갑판 위에 서서 상공에서 벌어지고 있는 무서운 '발레'를 올려다보고 있었다. 몇 초 후 폭격기(선보닛 킹호)는 일본령의 조금만 섬인 유리도 근처의 소련 영해로 추락해 폭발했다. 8명의 미 공군 장병들은 냉전시대의 가장 치열한 영유권 분쟁지역이었던, 일본과 소련 사이에 위치한 쿠릴열도에서 몇 마일 밖에 떨어지지 않은 곳에 지도 작성을 위한 항공촬영을 하던 중이었다.

사이코와 두 명의 소련 수병들은 격추된 폭격기 B-29기의 잔해를 회수하다 시신을 회수하게 되었고 시신이 끼고 있는 반지를 뺐는데 순금으로 된 반지가 해군장교 존 로버트의 졸업축하 반지였다. 훗날에 미군병사를 찾아 주인에게 돌려주려고 오랜 세월 기다리게 되었다.

1992년 소련의 공산정권이 몰락하자 존의 부인 메리는 자기 실종된 남편을 찾게 되었고 반지를 가지고 있던 사이코는 모스크바 주재 미국대사를 지낸 공동위원회 위원장에게 건네주었다. 41년 만에 1952년 남편의 시신을 끌어올린 소련 해군 병사가 넘겨준 것이다.

이 반지는 약혼자인 존 던 햄이 해군사관학교 졸업기념 반지를 흰색 드레스를 입은 메리에게 1949년 5월 28일 메릴랜드 주 인디애나폴리스에서 열린 해군장교 후보생 졸업 축하 무도회에서 푸른 리본을 그 반지에 끼운 후 메리의 목에 걸어 주었다. 메리는 무도회 중에 특별 의식이 시작될 때까지 그 반지를 목에 걸고 있기로 되어 있었다. 의식이 시작되면 메리는 존의 오른손에 그 반지를 끼워줄 것이고 그러면 그 반지는 평생 존의 손가락에 끼여 있을 것이었다. 그것은 미국 해군사관학교의 가장 자랑스러운 전통 가운데 하나였다.

존은 졸업한 날, 메리와 해군사관하교 교회에서 화촉을 밝혔다. 당시는 공군사관학교가 아직 생기기 전이어서 매년 해군사관하교를 졸업한 생도 가운데 4분의 1에게는 공군장교가 될 수 있는 선택권이 부여되었다. 존은 공중정찰을 전문으로 하는 항법사가 되기 위한 훈련을 받게 되었고 2년 후 공중정찰 비행대와 함께 일본으로 가게 되자 메리와 작별하게 되었다.

아내 앞으로 돌아온 사랑의 반지는 40년 넘도록 실종된 공군 조종사였던 남편의 반지를 찾게 됨으로써 남편의 생사를 확인하게 되었고 가족의 품으로 오게 되어 알링턴 국립묘지에서 던햄 대위가 안장되었다.

41년 만에 돌아온 반지, 아내에 대한 사랑의 증표다.

반지는 고대 이집트에서 원을 몸에 지녀 영원한 행복을 바라는 마음에서 유래되어 금이나 조개껍데기, 부드러운 돌 또는 자수정 등으로 만들어 사용했다. 반지가 약혼이나 결혼의 표시로 사용된 것은 로마시대로 영속성과 맹세의 의미였다. 특히 금반지를 결혼반지로 썼던 이유는 금의 변치 않는 성질과 부귀를 염원하는 뜻에서였다. 초기에는 한 쪽에 조그만 열쇠가 달린 반지가, 15, 16세기에는 육각형의 쌍가락지 혹은 연인 이름을 새긴 반지가 유행했다.

고대 중국의 제후를 비롯한 후궁들은 증표의 일종으로 은반지 하나씩을 받았다. 왕에게 불려가기 전에는 오른손가락에 끼었다가 잠자리를 함께한 뒤엔 왼손에 옮겨 끼었으며 임신을 하게 되면 금반지가 주어졌는데 이 풍습이 우리나라에서 결혼반지를 왼손에 끼게 된 것이다.

서양에서는 17세기에 들어서 결혼 예식 중에 반지를 반드시 왼손 약지에 끼는 풍습이 자리 잡았다. 이는 기독교 결혼식에서 사제가 반지를 왼손의 세 손가락에 차례로 대며 "성부와 성자와 성령의 이름으로" 라고 말을 마친 뒤 약지에 끼우는 것에서 생겨났으며, 나쁜 기운을 몰아내고 신의 은총을 베푼다는 의미였다. 또 왼손 약지의 혈관이 사랑의 뿌리인 심장과 바로 연결돼 있기 때문이라는 이야기도 전하는데 로마인들은 어떤 혼합물을 저을 때 반드시 이 손가락을 사용했다. 유독성 물질일 경우 이 손가락이 심장에 경고를 하리라 생각했기 때문이다.

우리나라에서는 흔히 한 짝만 끼는 것을 반지라 하고, 쌍으로 끼는 것을 가락지라 부르며 가락지가 기혼여인의 전용인데 반하여 반지는 기혼, 미혼에 관계없이 사용했다.

한 쌍의 가락지를 나누어 낌으로써 둘 사이의 맹세나 약속의 불변을 보장 하였다 해서 반지인 것이다.

가락지를 낀다고 해서 사랑의 불변을 보장하면 얼마나 좋을까. 요즈음 세대는 100일 만남으로 커플반지들을 만들고, 몇 년이 되었다고 만들어 끼는데 의미나 알고 있는지. 교제하다 다시 헤어지면 다시 버리고 또 다른 커플반지를 껴도 전혀 양심에 거리낌이 없다.

오래전 불우이웃돕기 함에 넣은 큐빅을 박은 반 돈짜리 18K 내 결혼반지가 기억나 나도 모르게 미소 짓는다.

돈으로 따지자면 얼마 되지 않지만 나의 소중한 결혼반지였기에 어느 보석반지보다 그 가치가 높다.

우리 부부의 이야기

우리 부부는 말 그대로 주말 부부다. 주말에 내려가서 주말에 올라온다. 젊을 때는 다툴 일이 많았는데 떨어져 살다보니 사소한 말다툼도 안한다. 서로 떨어져 있다가 일주일간의 삶을 얘기 하다 보니 언쟁이 없어졌다.

아줌마들 사이에 이런 우스갯소리가 있다. 주말부부를 하려면 3대가 덕을 쌓아야 한다. 처음 듣고는 한참을 깔깔거렸는데 이 말의 '허상'을 고발하는 통계가 나왔다. 통계청이 얼마 전 내놓은 조사결과에 따르면 남편과 함께 사는 여성의 가족생활 전반 만족도는 52.9%인 반면 떨어져 사는 여성의 만족도는 41. 1%에 그쳤다. 날마다 지지고 볶으며 얼굴을 맞대고 사는 동거 부부의 생활 만족도가 기러기 부부(국내파든 해외파든)보다 높다는 얘기다. 3대 어쩌고는 행복을 감추기 위한 위장 전술이거나 함께 늙어가는 남편을 의식한 밀당(밀고 당기)일 공산이 높다.

왠지 속은 느낌이다.

얼마 전 아들이 "요즘 엄마, 아빠 사이가 좋아진 것 같다"는 얘기를 한다. 부부가 말을 안 해서 그렇지 모두가 똑같다. 한 명이 참느냐, 안 참느냐 그 차이이다.

우리가 그렇게 사이가 안 좋았냐 하고 반론을 제기 했지만 어느 집이건 사소한 일들은 다 있게 마련이다.

중년 남성들이 술자리에서 자주 하는 우스갯소리 중에 '나이 들면서 필요한 5가지'는 첫째 마누라, 둘째 아내, 셋째 애들 엄마, 넷째 집사람, 다섯째가 와이프라고 한다.

반면 여성은 첫째 딸, 둘째 돈, 셋째 건강, 넷째 친구, 다섯째는 찜질방이라고 한다.

이는 남자에게 있어 배우자의 존재가 그 만큼 중요하다는 것을 풍자한 이야기일 것이다.

배우자는 평생의 동반자이며 친구는 인생의 동반자이다. 우리가 공기의 소중함을 모르듯이 부부간에도 같이 있을 때는 잘 모르다가 한쪽이 되면 그 소중하고 귀함을 절실히 느낀다.

가까우면서도 멀고, 멀면서도 가까운 사이가 부부이며 곁에 있어도 그리운 게 부부다. 둘이면서 하나이고, 반쪽이면 미완성인 것이 부부이며 혼자이면 외로워 병이 나는 게 부부다. 그러므로 상대방을 이해하고, 배려하고, 존중하고, 양보하며 화기애애하게 부부생활을 즐기도록 서로 노력해야 할 것이다.

남편에게 아내란 "청년에겐 연인이고, 중년에겐 친구이며, 노년에겐 간호사다." 란 말이 있다.

인생 최고의 행복은 아마 부도 명예도 아니고 사는 날 동안 지나침도 모자람도 없는 사랑을 나누다가 "난 당신을 만나 참 행복했소." 라고 말하며 한 쪽이 먼저 가고 얼마 후 뒤 따라가는 부부가 있다면 더할 나위없는 이상적인 부부일 것이다. 배우자를 포함하여 가족보다 더 소중한 것은 없다.

나는 남편이 늘 가까이에서 마주 보며 함께 생활하는 사람인지라 흔히 소중함을 잊고 지낸다. 어느 순간 자신의 남편이 곁에 없는 삶을 상상하면 눈앞이 캄캄해짐을 느낀다. 그렇다고 사랑이 지나쳐서 그런 것은 아니고 하나의 정이라고 할까

통계를 보면 부부 가운데 10쌍 가운데 1쌍는 떨어져 산다는 것이다. 이유는 서로 사이가 안 좋거나 건강 때문이라는 응답도 있었지만 78%는 직장이나 자녀교육 때문이라고 답했다.

우리 부부도 앞으로 살아 온 날보다 살날이 더 짧다.

젊어서는 아웅다웅 살았지만 앞으로 불혹이 넘어가서는 서로가 더욱 더 이해하며 가슴 아파한다. 우리 부부만 그런 것이 아니라 모든 부부들도 다 그러리라 생각이 든다.

3

크리스마스 꽃, 포인세티아

· 크리스마스가 벌써 15일 앞으로 다가왔다.
이맘때가 되면 나는 가족 또는 친구들과 함께
트리를 장식하기도 하고,
서로 선물을 주고받으며 추억을 쌓곤 한다.
그래서 12월이 되면 사람들은
크리스마스를 기다리는 게 아닐까 싶다.

명절의 의미

한 달도 남지 않았다. 곧 구정명절이 다가온다.

먹을 거, 입을 것이 귀하던 시절엔 명절은 아이들에게 부족한 두 가지를 채우는 기쁨을 주었다. 평소에 먹어보지 못하던 제수 음식을 우겨 넣듯 먹고 배앓이를 하곤 했다. 명절날에 입을 새 옷이나 신발을 미리 선물 받고는 누가 훔쳐갈까 잠들기 전에는 머리맡에 고이 모셔 놓았었다. 풍년을 내려준 조상에 대한 감사의 마음까지는 몰랐겠지만 먹고 입는 것에 대한 고마운 마음은 느낄 줄 알았다. 그런 마음이 있었기에 음식을 준비하는 어머니도 피곤함을 덜 느끼지 않았을까.

21세기의 아이들에게 명절의 의미는 무엇일까. 음식과 옷이 남아돌아서 버려지는 세태에서 그 고마움을 알리가 없다. 차례란 늦잠을 자지 못하게 깨우는 귀찮은 존재라고 일갈할지도 모른다.

우리 남매들은 어릴 때 모두 어렵게 살아서인지 몰라도 모두가 애틋

하다. 어머니가 계신 곳으로 모두 모인다.

많은 조카들 세뱃돈, 1년에 한 번이라 꼭 챙긴다. 모두가 바쁘게 돌아가는 세대에 맞게 만날 수 없어서 용돈겸 세뱃돈을 챙긴다. 우리 남매 모두가 마찬가지다.

어머니가 계신 친정으로 다 모이면 이틀은 웃음꽃이 떠나지 않는다. 어릴 때 모일 때는 서로가 상처를 받아서 큰소리도 많이 났는데 지금은 모두가 과거가 되어버렸다.

서로가 더 잘해주지 못해서 아쉬워하는 마음이 보인다.

어머니는 자식들이 먹고 싶어 하는 것들만 명절에 시장을 봐둔다. 하루 전날에 모두 모여서 전을 부치고 여러 가지 나물과 생선찜을 한다.

막내가 50대가 다 되어가는 우리 남매들의 명절은 지금은 행복하고 평안하다. 어머니가 계신 곳이 고향이라는 말이 새삼 느껴지면서 언제까지나 어머니가 계시길 소원하지만….

많은 집들은 베스드푸드에 길든 아이들에게 떡이나 전이 입맛에 맞지도 않고 귀했던 명절 음식은 이제 처치 곤란인 지경이 됐다. 어른들은 어른들대로 즐거워야 할 명절이 일에 대한 부담으로 다가와 '명절 증후군'이란 새로운 용어가 만들어졌다. 명절날 일을 하기 싫은 여성들은 사무실에서 당직을 선다고 거짓말까지 하면서 명절에 시가 가기를 싫어하고 명절 끝난 후 이혼율도 가장 많다고 하니 웃지 못 할 일이 요즈음 세태인 것이 분명하다.

우리 남매처럼 우리 세대가 지나고 우리 2세대는 가족이라는 의미를 가지고 살지 참으로 안타까울 일이다. (2015. 1.)

비운의 왕 단종 유배지를 다녀와서

교회에서 9월 중순쯤 단체로 영월여행을 다녀왔다. 영월 여행길에 영월 청령포에 도착했다. 평일인데도 많은 사람들이 청령포로 가는 배를 타기 위하여 기다리고 있어서 여행시간도 부족하고 빠듯하여 부지런하게 티켓을 끊고 배에 올라탔다. 선착장에서 배를 타면 청령포까지 3분 남짓 걸린다.

앞은 강이요, 뒤는 절벽뿐이니 경치가 아름다워도 더 가슴 아픈 단종 유배지, 자그마한 섬으로 어린 단종의 슬픔을 그대로 다시 느낄 수 있을 만큼 고요했다.

울창한 송림 속 단종의 슬픔을 간직한 육지 속의 작은 섬 청령포로 들어갔다. 배를 타고 들어가는 청령포는 조금만 걷고 나면 단종의 어소가 있으며 밀랍인형으로 당시의 모습을 보여주고 있다.

강원도 영월은 예로부터 비경을 간직한 산간 오지 마을로 꼽혀왔지만 한과 슬픔이 묻힌 역사의 현장으로 바뀐 것은 조선의 제6대 임금 단종의 유배지가 되면서 부터이다. 상왕에서 노산군으로 강봉 당한 뒤 청령포에 유배되었다가 관풍현에서 사약을 받고 장릉에 묻히기까지 영월 곳곳에는 단종의 흔적이 남아 있다. 단종의 자취를 따라 가면 슬픈 역사의 현장을 그대로 엿볼 수 있다.

우리가 도착한 날은 조금씩 비가 내려 아름다우면서 슬픔이 배여 있는 그곳을 보고 있노라니 많은 시간들이 흘렀지만 옛날의 상황을 다시 돌려놓은 듯 했다.

해설자의 설명을 들으면서 사방을 살펴보니 맑은 강물과 빽빽하게 늘어선 소나무가 유배지가 아닌 유원지 같은 느낌을 주고 있지만 어디까지나 청령포를 자유롭게 드나들 수 있는 사람들의 생각이다.

이곳에 갇혀 꼼짝할 수 없었던 단종에게는 그야말로 창살 없는 감옥과도 같았을 터였으리라. 배에서 내려 소나무 숲에 발을 디디면 단종을 따라온 궁녀와 관노가 생활하던 행랑채가 보인다. 그 옆에 단종어소가 있다. 처음 단종이 유배되어 왔을 때에는 따르는 궁녀가 한 명도 없었다고 한다. 단종이 청령포에 도착한지 5일이 지나자 단종을 섬기던 궁녀들 중에서 4명은 단종비 정순왕후를 따르고 6명은 영월까지 먼 길을 따라왔다. 당시 영의정 정인지(1396-1478년)가 궁녀들이 따라가 노산군을 시종하는 것은 마땅치 않다고 세조에게 누차 고했으나 세조는 이를 듣지 않았다 한다.

해설자의 말로는 단종어소는 육간대청처럼 큰 기와집이다. 유배생활을 하던 단종이 이처럼 좋은 집에서 기거했다는 것이 어쩐지 이해가 되지 않는다. 아마도 홍수로 떠내려 간 건물을 1996년에 새로 지으면서 제대로 고증없이 올린 느낌이다. 단종어소 방안에는 단종의 유배생활을 짐작하게 해주는 인형과 물품이 전시되어 있다.

우리 일행들은 30분 이상 해설자의 말을 경청하면서 여기저기로 발길을 돌리다가 모든 소나무들이 단종어소를 향해 절하는 모습을 볼 수 있었다.

단종어소 앞에 '단묘재본부시유지비(端廟在本府時遺址碑)'라는 글자가 새겨진 단묘유지비가 있다. 단종이 기거했던 옛 집터가 있었음을 표시하는 비다. 본래 있던 건물이 소실되자 영조 39년(1763)원주 관아에서 어소가 있던 위치를 알리기 위해 비를 세웠다. 단종어소에는 특이한 소나무 한 그루가 있다. 담장 밖에서 단종어소를 향해 절을 하듯 굽은 모양새가 눈길을 끈다. 단종의 시신을 수습해 지금의 장릉에 묻은 엄홍도의 충절을 기려 엄홍도 소나무라고 불린다.

단종 어소를 나오면 수령 600년으로 추정되는 관음송이 웅장하게 서있다. 키가 30m에 달하는 이 나무는 우리나라에서 자라는 소나무 중 가장 키가 크다. 아랫부분에서 두 줄기가 하늘로 높이 뻗어 오른 모습이 품위 있고 자태가 아름답다. 관음송은 단종의 유배생활을 지켜본 증인이다. 그래서 단종의 비참한 모습을 보고 오열하는 소리를 들었다 하여 볼관(觀) 소리음(音) 자를 써서 관음송이라 이름 붙였다.

나는 관음송 뿐만 아니라 모든 소나무들이 임금 어소 쪽으로 절하는 모습은 식물도 임금 용안을 볼 수 없어 모두가 신하가 왕에게 엎드린 모습으로 읍 한 것처럼 숙이고 있으리란 생각을 했다. 뒷산 계단을 따라 오르면 단종이 정순 왕후를 그리며 막돌을 주워 쌓아 올렸다는 망향탑이 층암절벽 위에 애처롭게 자리를 지키고 있다. 단종이 유배생활의 한을 달래기 위해자주 오르던 노산대도 볼 수 있다. 계단을 내려오면 '동서로 300척, 남북으로 490척은 왕이 계시던 곳이니 아무도 들어오지 말라'고 쓰인 청령포 금표비가 있다.

영월 청령포는 단종 유배지인 만큼 단종이 육지로 도망갈 수 없도록 일종의 감옥섬 같이 형성되어 있는 곳이다.

영월 관풍현에서 세조가 내린 사약을 받고 17세 어린 나이로 슬픈 생을 마감한 단종의 유배지로 많은 사람들이 찾고 있는 청령포는 앞은 강이요, 뒤는 절벽뿐이나 경치가 아름다워서 더 가슴 아픈 단종을 기리는 시조가 눈에 들어왔다. 금부도사 왕방연는 사약을 드리고 유배지에서 배를 타고 건너와서는 단종의 마지막 모습이 눈에 보이는 듯 피눈물을 쏟으면서 읊었던 시조를 다시 읊어보니 가슴시린 시조가 내 마음을 적신다.

> 천만리 머나먼 길 고운님 여의옵고/ 이 마음 둘 데 없어 냇가에 앉았으니/ 저 물도 내 맘 같아서 울어 밤길 예노라

기적의 배

올봄에 귀중한 곳을 갔다. 거제도 포로수용소다. 이곳에 다녀 가는 사람은 몇 명이나 될지?

사람들은 이런 곳이 있다는 걸 알기나 하는지. 여기 아주 중요한 역사가 펄펄 살아 숨 쉬는 곳인지 아는 사람이 별로 없을 것이다.

절대로 빠뜨리지 말아야 할 소중한 역사의 기록을 조형물로 만들어 놓은 곳. 거제포로수용소 유적공원을 한 바퀴 돌아 동쪽으로 향하면 뜻밖의 수확이 될 만한 곳을 발견하게 된다. 아프고 슬프지만 기억해야 할 우리의 현대사다.

흥남철수작전 기념비, 60년 전 흥남부두 광경을 재현해 놓은 곳이다.

기적의 배라 불리던 메레디스 빅토리호(Meredith Victory)와 흥남철수작전(크리스마스 카고의 영웅들) 이야기를 해보고 싶다. 흥남철수작전 중 기적의 배로 알려진 메레디스 빅토리호의 영화 같은 이야기는 이미 다양한 채널로 알려져서 잘 알고 있겠지만, 다시 한 번 나누고 싶은 것은 6·25사변 중의 가장 숭고하고 감동적인 인류애의 아름다운 이야기이기 때문이다.

1950년 12월 22일 오후 9시.

자유를 찾아 남쪽으로 가겠다는 사람들이 구름처럼 흥남부두로 몰려들었다. 이런 참담한 흥남의 겨울을 노래한 분도 있었다.

> 눈보라가 휘날리는 바람찬 흥남부두에/ 목을 놓아 불러봤다 찾아를 봤다/ 금순아 어디로 가고 길을 잃고 헤매었던가/ 피눈물을 흘리면서 일사이후 나홀로 왔다

현인 선생님이 부른 '굳세어라 금순아' 이 노래는 눈물로 절규하던 그날의 흥남부두 광경을 첫 소절로 택하였다.

개마고원 바람이 미친 듯이 달려들던 흥남부두의 겨울, 영하 20도를 넘는 칼날추위는 매섭다 못해 꽁꽁 얼어붙었고 북풍한설 추위 앞에 가엾은 피난민들이 피난보퉁이를 이고, 지고 안고….

자유를 찾아 남으로 가는 배에 죽을힘을 다해 기어올랐다. 전쟁이 무엇인지도 모르는 철부지 어린 아이들까지.

이렇게 피난민을 태우는데 걸린 시간이 자그마치 16시간이었으며 배에 탄 피난민은 무려 1만 4천 명, 배에 탄 피난민들은 움직이지도 못하고 꼿꼿하게 서서 사흘 밤낮을 망망대해에서 눈보라를 맞으며 물

한 모금 마시지 못한 채 거제도로 향하였다

· **흥남철수작전**

1950년 겨울 중공군에 밀려 고립 위기에 처한 유엔연합군이 12월 장진호 포위를 뚫고 흥남 항을 탈출한 사실은 유명한 한국전 일화다.

59년 전 전인 1950년, 한국판 타이타닉을 방불케 하는, 감동적인 크리스마스의 기적을 소개한다. 흥남부두의 기적, 6·25가 발발한지 5개월 유엔군이 전쟁에 개입하면서 또 다시 궁지에 몰리게 된 국군과 미군은 서둘러 후퇴를 결정한다. 미군이 철수한다는 소문을 들은 인근의 피난민들은 그들을 따라 미 수송선이 들어와 흥남부두로 향하게 되지만 10만 명이 넘는 피난민을 모두 수용할 정도의 배편을 준비 하지 못한 상황이다. 많은 배가 빠져나갔지만 마지막 남은 자는 만 4천 명이었다. 유일한 희망인 탑승 정원 47명의 메러디스 빅토리아 호였다. 기적의 배는 이후 사흘 동안 영하 30도가 넘는 혹한과 기뢰와, 적 항공기의 포탄과 싸워가며 기적을 만들어 갔다. 거제도에 도착하기 까지 배에는 물도 양식도 전무한 상황이었지만 단 한 명의 사망자도 나오지 않았으면 오히려 항해 중 여러 명의 아기가 탄생하는 등 축복스런 일들이 생기기도 했다.

라루선장과 47명의 선원들은 목숨을 걸고 1만 4천여 명의 우리 백성을 구해냈다.

라루선장은 "어떻게 그 작은 배가 그러한 일을 해낼 수 있었는지 지금도 생각한다"며 그 해 크리스마스에 황량하고 차가운 한국의 바다 위에서 하나님의 손길이 배의 기를 잡고 계셨다고 생각한다고 회고 하고 있다.

이것은 눈에 안보이지만 살아있는 신의 손길이었다는 선장의 말이 뇌리에 남는다.

1950년 12월 나는 크리스마스에 지구의 반대편에서 그 3일 동안 신이 우리와 함께 항해했다고 믿는다. 그해 크리스마스에 황량하고 차가운 한국의 바다 위에서 하나님의 손길이 배의 키를 잡고 계셨다고 생각한다. 이것을 믿는 이유는 하나님은 할 수 있었기 때문이다. 한 사람도 희생되지 않았고 시간이 갈수록 기적으로 변했다

"항공유를 가득 실어 사람이 탈 자리는 얼마 없었지. 그곳에 무려 1만4천 명이 젓가락처럼 꼿꼿이 선 채 사흘간 영하 30도의 혹한과 굶주림을 버텨냈어요. 그런 극한 상황에서 '김치 1~5호'로 명명된 아기 5명이 태어난 것도 기적이 아니겠소." 생존해 있는 원동혁 씨가 흥남 철수 작전을 소재로 한 미국 소설 『흥남에서의 희망』(Hope in Heungnam)을 썼다. 실존 인물로 등장한 한인이 한국판으로 번역 출간해 화제가 되고 있다.

이날 태어난 아기 중 한 명은 수의사로 활동하고 있다. 수의사인 이씨는 거제도에서 장승포가축병원 원장으로 재직하고 있으며 손씨는 서울에서 철강 무역회사를 운영하고 있다. 한 아기는 신부로 살아가고 있다.

크리스마스의 영웅들, 선장뿐만 아니라 알몬드 총지휘자와 우리나라 사람 통역관 등 많은 영웅들 중 2명의 이야기가 잔잔한 감동을 준다.

'한국의 쉰들러' 故현봉학(玄鳳學, 2007년 타계) 선생은 1922년 함경북도 성진에서 현원국(玄垣國) 목사와 신애균(申愛均) 여사 사이에서 태어났다. 연세대 세브란스 의전을 나와 미국 버지니아주 리치몬드대학에서 경영학 박사학위를 취득한 후 1950년 4월 한국으로 돌아왔다. 6·25전쟁 중 대한민국 해병대사령관 고문과 미10군단 사령관 민사부 고문으로 근무하게 된다.

알몬드 소장의 통역 보좌관이었던 현 선생은 1950년 흥남철수 당시 피난민이 함께 승선할 수 없는 상황임에도 불구, 사령관을 설득해 수송선 등으로 피난길에 오른 10만여 명의 생명을 구하는 업적을 남겼다. 피난민들은 당시 선박 구석구석뿐 아니라 차량 밑, 장갑차 위에서 '모세의 기적'처럼 홍해를 건너는 심정으로 거제도로 왔다고 회고한다.

알몬드 장군은 흥남철수작전의 총사령관으로 LST화물선에 철수하는 군병기류를 몽땅 버리고 대신 피난민을 태우게 명령 내린 훌륭한 분이다.

"우리는 이 사람들을 놔두고 갈 수 없다. 이 사람들을 모두 구출하도록 하라."

영화보다 더 영화 같은 일이 이렇게 착착 진행되다. 오로지 인류애로….

흥남철수작전의 스릴 넘치는 이야기는 언제까지나 인류애의 아름다운 모습으로 거제도에서 터 잡았으니 이제 가끔씩 찾아가서 그날을 회상해 보는 것도 좋은 일이 될 것이다.

모두가 자랑스러운 영웅들이다. 우리는 당신들을 영원히 잊지 않겠다.

미국에서는 이 배의 철수작전만을 담은 『Ship of Miracles (기적의 배)』 빌 길버트 책도 출간되었다. 기적의 배로 불리던 이 배는 한 때 퇴역했다가 월남전에 다시 동원되어 임무를 다한 후, 고철로 팔려 중국의 어느 항구에서 1996년 해체되었다고 한다.

우리 민족은 이런 멋진 기적 하나도 제대로 간수하지 못하였다. 참으로 부끄러운 일이다. 조형물이 아닌 실제의 모습으로 이 자리에 있어 주었더라면 민족의 자긍심이 되었을 것을….

이 땅, 거제도는 흥남철수작전과 메러디스 빅토리호의 활약상과 크리스마스 영웅들의 이야기와 흥남피난민들의 이야기와 포로들의 이야기로 넘쳐나는 구국의 고장, 역사의 고장이다.

어느 날 생각이 깊은 사람들이 마음을 모아 이곳에 찾아와서 흥남피난민들을 따스하게 맞아 주고 열심히 살아갈 용기를 준 거제도민들에게 고마움을 전하는 공덕비를 건립해 주었다.

감사할 줄 아는 그들에게 거제도는 함경남도 사람들에게 제 2의 고향이 되어 주었다.

6·25사변이 맺어 준 인연, 함경도 사람들은 거제도 사람들에게 이렇게 고마움을 전하였다. 은혜를 아는 멋진 사람들. 함흥철수작전시

난민을 도와주신 거제시민에 대한 은덕비를 같은 동포를 반갑게 맞아주는 것은 당연한 일이었다.

전쟁이 할퀴고 간 상처는 지금까지도 아물지 못하였지만 전쟁이 남기고 간 교훈 또한 지키고 보존해야 할 소중한 무형의 자산이다.

어느 날, 질 나쁜 인간의 권력욕심이 불러일으킨 전쟁으로 허리가 잘려 남북이 나뉜 지 60년. 누구라도 거제도의 포로수용소유적공원을 방문하게 되면 꼭 동쪽으로도 발길 돌려 보세요.

가서 보게 되면 "우리는 당신들을 영원히 기억할 것입니다." 라고 말하게 될 것이다.

크리스마스 꽃 포인세티아

포인세티아. 크리스마스가 되면 많은 꽃 중에서도 유독 이 꽃이 등장한다.

12월의 탄생화인 이 꽃은 예수님의 탄생의 의미를 새긴다.

이 꽃은 꽃집 마다 앞줄에 앉아서 다가오는 계절이 추워지는 계절임을 알려준다.

나는 크리스마스랑 잘 어울리는 빨간 포인세티아가 예뻐서 난초안과 입구에 나란히 자리를 잡고 앉혀본다.

크리스마스가 다가오면 예쁘게 장식된 트리와 보는 재미가 있는데, 트리를 환하게 밝히는 전구와 함께 붉은 꽃잎의 '포인세티아'는 어김없이 우리 가까이 있는 포인세티아가 있다. 그 꽃이 사람들의 눈을 트리에 머물도록 만든다.

'포인세티아'는 멕시코와 과테말라 지역이 원산지다. 1300년경 마야

문명을 계승한 아즈텍제국의 사람들은 이 꽃을 염료와 해열제로 주로 사용했죠. 그러던 중 17세기 무렵에 멕시코에 파견된 프란치스코 수도회 소속 천주교 사제들이 크리스마스 행사에 장식으로 처음 사용했다.

이후 1825년 멕시코 주재 초대 미국대사 조엘 포인세트(Joel Poinsett)가 멕시코에 자생하는 이 꽃을 미국과 유럽으로 전파하면서 크리스마스를 상징하는 꽃으로 널리 알려졌고, 이때부터 사람들은 조엘 포인세트 대사의 이름을 따서 꽃의 이름을 '포인세티아'라 불렀다.

나는 약간은 고상하면서도 세련된 이 꽃을 좋아한다. 빨간색인 이 꽃은 조화 같기도 하지만 꼭 종이로 만들어 놓은 것 같다. 성탄절의 주인공인 예수님의 피의 의미를 다시 한 번 생각게 하는 이 꽃은 남다른 전설이 있다.

멕시코의 어느 마을에 병든 홀어머니를 모시고 사는 마음 착한 소녀가 있었다.

어느 날 한 명의가 찾아와 말했다. "이 병을 고치는 좋은 약초가 있다. 그것을 구해오면 병을 쉽게 치료할 수 있다." 소녀는 명의가 그려준 약초를 찾아 깊은 산속으로 들어갔다. 추위와 허기에 지친 소녀는 나무 밑에서 쉬고 있었다. 그 때 절벽을 바라보니 명의가 말한 하얀꽃이 피어 있었다. 소녀는 서둘러 절벽을 오르다가 그만 추락하고 말았다.

"하나님, 제 엄마의 병을 고쳐 주셔야 해요." 소녀는 소리치며 기도했다. 그 때 천사가 나타나 피 묻는 약초를 건네주었다. 그 순간 소녀의 상처는 씻은 듯이 나았다. 그리고 절벽의 하얀 꽃은 소녀의 피로

붉게 물들었다. 그것이 바로 겨울에 잎이 빨갛게 물드는 포인세티아다. 아기 예수의 탄생을 축복하는 크리스마스 꽃이다. 예수님은 아무 흠이 없는 흰꽃같은 분이다. 그러나 인류의 죄를 대속하기 위해 십자가에서 피 흘린 붉은 꽃이 됐다.

포인세티아. 예수님의 피를 상징하듯 빨간색이다. 이 꽃을 보면서 인류를 깨끗해 하신 그 피의 의미를 차가운 이 겨울에 다시 한 번 생각케 한다.

크리스마스가 벌써 15일 앞으로 다가왔다. 이맘때가 되면 나는 가족 또는 친구들과 함께 트리를 장식하기도 하고, 서로 선물을 주고받으며 추억을 쌓곤 한다. 그래서 12월이 되면 사람들은 크리스마스를 기다리는 게 아닐까 싶다.

12월의 탄생화로 '축복'과 '축하'의 꽃말을 가진 '포인세티아'는 크리스마스를 전후하여 한해의 감사를 전하는 꽃으로 많이 활용되고 있다. 나도 이번에 예쁜 '포인세티아'를 보면서 행복한 나날과 작은 위안이 되도록 지인들에게 감사의 마음을 전해 봐야겠다.

라면예찬

많은 사람들이 라면을 간식용 아니면 식사대용으로 끓여 먹는다. 추울 때 분식집에서 종종 호호 불어 가면서 라면을 먹는 모습을 보곤 한다.

남편도 아들도 딸도 가끔은 라면을 끓여 달라고 한다. 얼큰하고 구수한 맛이 그만이라며 맛있게 먹는 모습을 보면서 정말 그렇게 맛있나 생각을 하곤 한다.

나는 라면을 썩 좋아하는 편이 아니다. 처음에는 밥보다 많이 먹었는데 어머니가 어릴 때 라면에다 늘 돼지고기를 넣고 끓여 주셔서 맛있게 먹곤 했는데 어느 날 그 라면을 먹다가 급체를 하여 그 이후부터 잘 먹지 않게 된 것이 지금도 잘 먹지 않는다.

그렇지만 지금도 지구 곳곳에서 많은 사람들의 사랑을 받는 음식중 하나가 라면이다.

지금은 여러 회사에서 여러 종류가 많이 나와 있다. 처음에 삼양라면부터 시작하여 농심, 롯데라면 등등 여러 가지 회사에서 쏟아져 나오는 것이 수십 가지나 된다.

세계라면협회(WINA)에 따르면 2009년 현재 국가별 라면 소비량은 중국 408억 개, 인도네시아 139억 개, 일본 53억 개, 베트남 43억 개다. 미국 40억 개, 그리고 다음으로 한국이 34억 개다. 하지만 1인당 소비량으로 따지면 한국이 연간 68개로 단연 선두다. 한국인들은 매주 1.3개의 라면을 주식 또는 간식으로 먹는 셈이다. 다음이 인도네시아 57개, 일본 44개, 태국 33개, 타이완 32개다. 오늘날 한국의 인스턴트 라면은 전 세계 95개국에 연간 2억 달러 이상 수출되고 있다.

2010년 일반 소매점 판매량을 기준(군납.특판 등 제외)으로 하면 농심의 신라면이 연간 판매량 4억 4820만개로 압도적인 1위다. 다음이 안성탕면 2억1180만 개, 삼양라면 1억 9550만 개, 너구리 우동 1억 5470만 개, 짜파게티 1억 3880만 개, 육개장 사발면 9930만 개 등의 순이다. 2001년 37억 3000만 개, 지난해에는 37억 2000만 개나 팔릴 정도로 온 국민이 변함없이 애용하는 국민식품이다.

총 면발 길이 56m 기름에 튀긴 볶음머리 라면은 중국의 건면에서 유래됐다는 설과 1958년 일본 안도 모모후쿠(1910-2007)가 산시교쿠산에서 건면을 식용 유지에 튀겨 보관하기 쉽도록 포장하고 별도의 수프를 개발해서 만든 치킨라멘이 원조라는 설이 엇갈리고 있다.

공식적으로는 1958년이 출생연도다. 우리나라에서는 1963년 9월 15일 출시된 삼양라면이 원조다. 당시 판매가격은 10원 투명한 비닐

포장에 닭 그림과 함께 닭고기 국물로 맛을 냈고 광고했다. 라면 70%를 농심이 주도하고 있음에도 2위 업체인 삼양이 원조라고 내 세우는 이유다. 1989년 유지 파동으로 삼양라면이 상당기간 발매를 중지하는 등 결정타를 입기 전까지만 해도 라면시장은 삼양이 주도했다. 칼국수 짜장면 컵라면 등 1970년 신제품은 모두 삼양사 제품이었다.

요즈음 슈퍼마켓 가보면 라면이 수십 가지나 넘는 것 같다. 소고기를 우려낸 원조격인 삼양 소고기라면 해물탕면, 새우탕면, 비빔면, 자장면, 우동면, 짬뽕면, 설렁탕면 등등. 이루 헤아릴 수가 없다. 개그맨 이경구가 닭고기를 우려내서 만든 꼬꼬면도 나올 정도니 말이다.

셀 수 없는 이 라면들이 우리 서민들에게는 참 고마울 뿐이다. 많은 돈을 주지 않더라도 입맛에 맞게 사서 먹을 수 있으니 말이다. 서민들에게는 없어서는 안 되는 간식이며 주식이다.

라면을 애찬하는 사람들은 3끼를 라면으로 3년간 먹어도 전혀 이상 없다고 방송에서 나온 적도 있었다. 건강 검진을 했는데 전혀 이상이 없다고 나왔으니 자기 몸에 맞으면 어느 음식이든 상관이 없는 것 같다.

우리 아들이 유럽여행을 갔었는데 스위스 알프스에도 우리나라의 신라면을 팔고 있었다니 우리나라 라면이 세계적인 라면이 될 거라는 것을 누구도 장담할 수 없을 것 같다.

곧 추운 겨울이 다가 온다. 많은 세계인들의 간식이며 주식인 라면이 올겨울에도 여전히 많은 이들에게 사랑받을 것 같다.

오늘은 나도 출출해 설렁탕면이나 한 번 끓여 먹어야겠다.(2014. 10.)

한글날은 우리나라의 자존심

한글날이 공휴일이 되었다.

10월 9일은 568돌 한글날이다. 이날은 조선 세종 28년인 1446년 음력 9월 세종대왕이 훈민정음을 창제·반포한 것을 기리는 날이다.

훈민정음이 반포된 정확한 날은 알려져 있지 않다. 조선왕조실록에는 1446년 음력 9월에 훈민정음을 반포했다고 나와 있다는 것이 전부다.

그러나 1940년 발견된 『훈민정음 해례본』에는 훈민정음이 음력 9월 상순에 반포됐다고 나와 있다. 1446년 음력 9월 상순의 마지막 날인 음력 9월 10일을 그레고리력으로 환산하면 10월 9일이 된다. 그래서 10월 9일이 한글 창제 기념일인 한글날로 정해진 것이다.

한글날은 엄연한 공휴일이다. 우리 정부는 1945년 광복 이후 한글 창제의 과학성을 기리기 위해 한글날을 국가적 경축일(국경일)로 지정하고 공휴일로 지내왔다. 매년 정부 주관의 기념식이 열렸고 이때부터 국기게양일로 지정됐다.

그러나 노태우 정부 시절이던 1991년 공휴일이 너무 많아 경제 발전에 지장을 준다는 이유로 한글날은 국군의 날(10월 1일)과 함께 공휴일에서 제외됐다. 더불어 국경일 목록에서도 빠졌다. 이후 한글학회 등 한글 관련 단체들은 한글날의 위상 회복을 거듭 촉구해왔다.

한글날은 지난 2005년 국회 행정자치위원회의 결의안 통과를 통해 국경일로 재지정됐다. 한글날이 국경일로 지정되면서 이때부터 한글날은 국기게양일로 재 지정됐다. 국경일로 위상이 회복된 한글날이 공휴일로 다시 돌아오기까지는 8년의 시간이 걸렸다.

한글날 행사 주관 부서인 문화체육관광부는 한글날을 공휴일로 재지정하는 방안을 2009년부터 다시 추진했다. 한글 관련 시민단체의 연합체인 한글날 공휴일 추진 범국민연합도 이에 맞춰 한글날 공휴일 재지정 국민청원서를 제청하기도 했다.

이 같은 사회 안팎의 공휴일 재지정 요구에 정부는 2012년 11월 한글날을 다시 공휴일로 지정하는 내용을 담은 관련 규정 일부 개정안을 국회에 입법 예고했고 법률 절차를 거쳐 2012년 12월 24일 국무회의에서 관공서의 공휴일에 관한 규정 일부 개정령 안이 통과됐다.

결국 한글날은 1991년 이후 22년이 지난 2013년이 돼서야 공휴일로 재 지정됐다. 다만 공휴일 재지정 대통령령의 통과 시점이 새해 달력 인쇄가 모두 끝난 2012년 말이었던 탓에 일부 달력에는 한글날이 검정색 평일로 표시돼 공휴일 여부를 묻는 사람이 많았다.

2013년 10월 9일은 한글날이 폐지되었다가 복원된 공휴일이다. 세계의 어떤 나라에 그 나라의 글이 제정된 것을 기념하는 날이 있을까 싶다. 북한조차도 한글과 관련하여 1월 15일을 '조선글날'이라고 정하였다고 한다. 남한의 '한글날'은 1446년에 세종대왕이 한글을 만들어 '훈민정음'이란 이름으로 반포한 날을 기념한다. 한글의 우수성의 세계의 6,900여 개가 넘는 언어 중에서 언제 누가 만들었는지가 분명한 유일한 언어라고 한다. 놀랍고 자랑스럽지 않나. 인류의 역사는 말과 글의 역사라고 해도 과언이 아니다.

인간에게 말이 없었다면 찬란한 인류의 역사와 문화가 후대에 구전(口傳)되지 못하였을 것이다. 뿐만 아니라 글이 발명되지 못하였다면 각 나라와 민족의 역사에 문자화된 역사 기록물이 전해지기란 불가능하였을 것이다. 이처럼 말도 말이지만 특히 문자의 발명과 더불어 종이의 사용과 인쇄술의 발전은 인류의 문명 발전 속도를 가속화 하여 왔다. 요즘은 컴퓨터를 사용하거나 스마트 폰과 같은IT기기를 사용하여 문자를 기록하고 전송하기 때문에 젊은 세대난 어린이들의 글쓰기 솜씨가 엉망이라고 한다.

그러나 그 글씨라는 것이 손끝으로 개성이 있게 쓰든 혹은 정형화된 기기의 문자를 통하여 기록하든 문자가 있으므로 시와 소설과 수필 같은 문학이 가능하고 과학과 의학을 비롯한 각 분야의 연구 과정과 그 결과가 기록으로 보존되고 확산되고 영향을 미치며 점점 더 발전 할 수 있는 토대를 만들어 가는 것이 아닌가. 글자의 모양보다 더 중요한 것은 그 글을 쓰는 사람의 사상과 철학과 지혜와 창의적 혜안과 교훈이니까 말이다.

나라 안팎에는 그 나라의 역사적인 인물들의 친필 자료들이 박물관이나 기념관에 보존되는 경우가 적지 않다.

동양에서는 '신언서판'(身言書判)이라고 하여 글씨는 그 상대방을 평가하는 중요한 요소 중의 하나로 여겨왔다. '신언서판은 용모, 언변, 글씨, 판단력을 의미한다. 중국의 당태종은 기득권 세력을 견제하고 널리 인재를 등용하기 위해서 과거 제도를 실시했다.

그러나 당태종은 과거에 급제한 인물들을 급하게 등용하지 않았다. 신언서판의 네 가지 선정기준을 마련하고 그 인물됨을 평가한 후에 관리로 등용하였다. 외모는 타고 나는 것이지 자신의 선택이 아니지 않나. 물론 요즈음은 눈과 코와 턱과 볼을 비롯한 얼굴의 구석구석뿐만 아니라 신체의 일부분을 뜯어 고치는 성향이 유행이라고 하기는 하지만 말이다.

말이라는 것도 그렇다. 상대방의 목소리가 어떠하냐. 혹은 그가 말을 얼마나 달변으로 잘하느냐 보다도 그 말에 논리가정연하고 설득력과 감화력과 진실성이 담겨 있느냐의 비중이 더 중요하지 않을까. 물론 요즘 같은 컴퓨터 시대에는 덜 하지만 과거에는 모든 문서 작성이 친필로 이루어지던 때가 있지 않았나. 그것이 개인적인 사신이든 혹은 그 어떤 공문서이든 말이다.

이순신 장군은 평생 무관이었지만 그의 난중일기는 그 내용뿐만 아니라 그의 필력 또한 높이 평가 받고 있다. 판 判은 사물의 옳고 그름을 판단하는 능력을 말한다. 우리나라는 고려 광종 때부터 과거 제도를 실시했다고 한다. 광종은 호족 출신의 공신세력을 누르고 충성스러운 문신관료를 얻기 위해 과거제도를 실시하였다. 그 주요한 내용이 신언서판에 관한 것이었다. 유교 사회였던 조선시대 또한 인재를 등용하는 과정에 신언서판을 매우 중요시 하였다. 그러나 사람의 외모가 남들보다 약하거나 초라하고 말이 어눌하거나 글씨가 명필이 아니더라도 참으로 인간다운 삶을 위하여 소중한 것은 판(判)의 영역이다. 그 판이라는 것은 삶의 지혜라 사료된다.

세종대왕께서 창제 하신 한글은 우리나라와 나의 자긍심이다. 2005년 법정국경일과 8년 만에 다시 법정공휴일로 제정된 뜻 깊은 날이다.

碣石 선생 문학비 제막식을 다녀와서

남해 고속도로 휴게소에서 점식 식사를 하고 하동에 도착했다. 맑고 산들바람, 따갑지도, 성가시도 않은 한낮의 햇볕, 황금빛으로 물든 벼들이 바람에 일렁이는 모습이 가을의 시작임을 알리고 있었다.

하동은 참으로 아름다운 곳, 절경이다. 말 그대로 널따란 논밭이 황금물결이 되어 우리를 맞이하고 있다.

유유히 흐르는 섬진강과 너른 하동의 들판을 한눈에 바라보니 고 박경리 선생이 수십 년간 심혈을 받쳐 쓴 소설 『토지』의 배경이 될만하다는 생각이 깊어졌다.

2014년 수필문학 추천작가회 연차대회 모임과 동시에 갈석 선생 문학비 제막식을 위하여 이곳에 온 것이다.

선생의 제자들과 문단의 중진들이 성금을 내어 문학비를 건립하게 되었다. 문학비가 건립된 선산에서 앞을 바라보니 『토지』의 배경보다 더 기름지고 널따랗게 들판이 펼쳐져 말할 수 없는 평안함이 다가왔다. 참석한 모든 작가들은 좋은 곳에 문학비가 세워진 것에 만족했다.

이곳은 바다를 매운 간척지로 넓은 들판을 넘어 남해바다가 흐르고 멀리 남해 금산이 반가운 손짓을 하고 있었다.

인사말에서 선생님은 오랜만에 자기의 소회를 말하면서 자기가 고집스런 면이 많아서 누가 이런 문학비를 세워줄까 생각도 못했는데 많은 분들이 성금을 내어 문학비건립에 힘써줘서 감사하다고 말했다.

문학비 앞면에 적혀있는 내용을 살펴보니

> 수필가이자 문학평론가이시며 한국수필 문학가 협회장이신 갈석 선생은 우리나라 수필 문단에 수필 전문 월간지 하나 없는 풍토에서 1988년 9월에 월간 「수필문학」을 창간한 이래 오늘날 까지 26년간 단 한 번의 결간도 없이 꾸준히 발간해 옴으로써 수필 문학의 굳건한 버팀목이 되었습니다. …(중략)

많은 세월동안 수필을 문학으로 발판을 세우시려고 노심초사 하시면서 오직 한길만 고집하신 선생님의 일생이 파노라마처럼 밝은 햇살에 비치어 황금들판에 실바람타고 넘실대고 있었다. 모든 순서를 마치고 산을 내려오는 작가들의 얼굴엔 오후에 밝게 비취는 햇살이 환한 빛으로 비치고 있었다.

매년 토지문학제가 열려도 시간이 여의치 않아 한 번도 현지에 가지를 못했다. 그래서 『토지』를 열심히 읽었다. 대부분의 작가들은 『토지』 전집을 가지고 있고 모두가 한 번은 읽었을 터이다.

유년 시절의 기억처럼 토지 역시 나를 익숙한 그리움으로 데려간다. 읽어 내려가면서 가슴앓이 했던 기억이 투영된다. 『토지』는 내 일상 속에 또 그 책속에 내가 있는 듯하다.

『토지』를 보고 내가 그 속에서 살았던 것처럼 내가 선생께 오랜 세월 배웠던 모든 것들이 과거, 현재, 미래도 투영될 것이다.

일본 지진, 쓰나미

온 세계 매스컴은 연일 일본 쓰나미로 신문지면과 뉴스들은 소식을 전하고 있었다.

2011년 3월 13일 지진의 규모를 9.0으로 교토통신이 보도했다. 일본 쓰나미가 일어난 시간과 날짜는 2011년 3월 11일(금), 오후 2시 46분이다. 일본, 최악의 지진 쓰나미, 11일부터 13일까지 악몽의 3일, 고베 대지진을 능가하는 대지진과 쓰나미가 11일 일본 열도를 강타했다. 일본은 일대 혼란에 빠졌다. 오후 2시 46분쯤 도쿄에서 북동쪽으로 391km 돌진, 도후쿠지방 부근 해저에서 리히터 규모 8.8의 강지진이 발생했다. 이번 강진으로 인한 희생자 규모는 눈덩이처럼 늘어나고 있으며 수만 명에 달할 것으로 보인다. 최대 피해지역 중 하나인 미야기(宮城)현에서 발생한 사망자 수만 1만 명을 넘을 것으로 예상된다. 미야기(宮城)현 미나미산리쿠초(南三陸町)에서는 인구 1만 7천

300명 중 7천 500명을 제외한 1만 명이 행방불명 상태인 것으로 파악됐다.

최악 강진으로 10m 높이의 규모의 대형 쓰나미가 대평양 연안을 덮치고 선박과 차량 건물이 역류하는 바닷물에 휩쓸리면서 사상자가 속출했다.

동부 일대 교통, 통신, 산업시설이 초토화 되었다.

일본 기상청은 미국지질조사국에 따르면 지진규모를 당초 7.9에서 9.0으로 높였다. 지난 100년간 전 세계에서 발생한 지진 가운데 7번째로 강력한 지진이고 일본에서서는 사상 최대 규모다.

엎친 데 덮친 격으로 대지진으로 인한 원자력발전소 폭발사고로 방사능이 유출돼 '방사능 공포'가 확산되고 있다. 후쿠시마(福島) 원전에서 폭발사고가 발생, 최소 22명이 피폭됐다는 보도에 이어 피폭자 규모가 최대 190명에 달할 것이란 보도도 나왔다. 아울러 제1 원전의 원자로 3호기에서도 추가 폭발 가능성이 제기되고 있다. 원자력발전소 인근 주민 20여만 명이 긴급 대피소로 대피했다.

일본 기상청은 13일 대지진의 규모를 당초 발표했던 규모 8.8에서 9.0으로 수정하며 일본 지진 관측 사상 최대 규모라고 밝혔다. 1900년 이후 발생한 전 세계 지진 중 4번째로 강력한 지진이다.

일본 쓰나미가 일어난 장소는 일본 도호쿠(東北)지방 부근 해저 (일본 동북지방 오른쪽 바다 밑)다.

피해규모는 사상 최악의 강진과 쓰나미가 강타한데 이어 생필품과

연료마저 바닥나면서 일본인들의 고통이 더 커지고 있다.

AFT통신에 따르면 140만 세대 이상이 단수로 고통 받고 있으며 전기가 끊긴 세대도 250만에 이르는 것으로 파악됐다. 140만세대가 고통 받고 있으며 전기가 끊긴 세대도 250만에 이르는 것으로 파악됐다. 방송으로는 약 38만 명이 대피소에 머물고 있으며 전기가 공급되지 않는다고 보도했다.

지진이 난 곳에서 그리 멀지 않은 미야기현 센다이시는 전쟁과 다름없는 난리 통을 겪었다.

사망 실종 4만 명을 육박한 일본이지만 침착한 대응으로 불안감을 없애는 모습을 보이는 우리에게 많은 교훈을 주었다. 또 한사람 고귀한 희생으로 몇 천 명을 살린 일본인 공무원 엔도미키가 있다.

엄청난 자연재해에서도 최초로 쓰나미 소식을 알린 사람은 공무원인 엔도 미키였다. 2011년 3월 11일 오후 2시에서 2시 46분, 대지진과 쓰나미가 동일본에 커다란 아픔을 남겼다. 하지만 그 안에 아픔만 있는 것은 아니다. 쓰나미가 오는데 걸리는 시간 30분 동안 높은 곳으로 대피하면 충분히 위험에서 벗어날 수 있다고 한다.

그리고 아름다운 천사의 목소리로 끝까지 자리를 지키고 많은 사람들에게 대피하라고 외친 위기관리과 직원 엔도 미키 씨. 실종 후 52일 만에 싸늘한 주검이 돼 사랑하던 고향 바닷가로 다시 돌아온 그녀의 외침에 7천여 명의 생명을 살렸다.

3월 11일 일본 북부지역이 쓰나미로 초토화될 무렵 고깃배 선장인

'코지 하가(Koji Haga)'씨는 재해 지역 근처에 없었다. 해일이 마구 휘몰아쳐 해안을 강타하고 자신의 해안마을을 삽시간에 집어 삼켜 주민 만여 명의 목숨을 앗아가 거대한 무덤으로 바뀌고 있을 때, 고기잡이배 선장인 '하가'는 휘청하는 배를 간신히 똑바로 세우며 저 멀리서 아연실색하여 바라볼 수밖에 없었다. 그가 자신의 집터를 찾은 지 만 하루가 지나서였다. 근처에서 발견된 지붕 말고는 도통 집의 흔적이라고는 찾아볼 수가 없었다. 아수라장이 된 재해 현장에는 기억의 잔재만이 몇몇 널브러져 있을 뿐이었다. 가족 앨범은 물에 흠뻑 젖은 채 뒤집힌 자동차의 바퀴 부분에 처박혀 있었고, 딸이 갖고 놀던 동물인형은 진흙탕에 엎드려 누워 있었다. 얼마나 큰 엄청난 재해 인지를 말로 표현할 수 없다고 얘기하고 있었다.

미야기현 센다이시 모니와다이 지역에 거주하는 우리 교민이 전하는 생생한 현장은 죽음과 공포의 순간이라 했다. 늦은 점심을 먹기 위해 식당으로 들어서는 순간에 지진과 맞닥뜨렸다. 서둘러 차를 세워둔 주차장으로 대피한 심씨는 8개월 밖에 안 된 포대기로 딸아이를 감싸고 앉아 있었다. 땅이 상하로 크게 출렁거리면서 주차장에 세워져 있던 차들은 장남처럼 통통 튀어 다녔다.

교민은 "20분 거리에 있는 유치원에 있는 큰애를 데리러 가는 길이 천 길처럼 느껴졌다"면서 그 때는 바로 종말이 오는 구나 느낌을 가졌다고 말하고 있다.

연일 나오는 뉴스를 접하면서 우리나라도 예외지역이 아니다는 생각을 접을 수가 없었다.

3월 18일 국민일보는 일본 대지진 당시 발생한 쓰나미로 침수된 일본 국토의 면적이 400㎢에 달한다고 18일 보도했다. 이 면적은 여의도(8.4㎢ 기준)의 48배에 달하는 것이다.

우리나라도 미리 미리 지진 예방을 해야 할 것 같다. 지진에 대한 대책 없이 지내다보면 우리나라 전체가 위험에 빠질 것 같은 불안감이 든다. 지진예방 대책이 세계에서 1위라고 자랑하는 일본도 하루아침에 걷잡을 수 없이 소용돌이치는데 우리나라는 아직도 지진에 대한 것을 예외라고 생각하고 있는지. 정부가 나서야 할 것 같다. (2011. 3.)

가난의 한도 날린 헝그리 복서

복싱 '노 골드 수모' 한 방에 날렸다.

복싱을 좋아하지 않지만 신종훈 인천시청 선수의 경기를 우연히 보게 되었다. 4년 전 자신을 쓰러뜨렸던 카자흐스탄 선수와의 경기였다. 복싱에 지금까지 메달이 없어서 기대도 했지만 마지막까지 올라온 선수가 경기하는 순간을 보게 되었다.

복싱이 12년 만에 금빛 펀치를 날렸다. 인천시청 신종훈(25·인천시청) 소속은 3일 오후 2시 인천 선학체육관에서 열린 제 17회 인천 아시아 경기대회은 3일 오후 2시 인천 선학체육관에서 열린 인천아시안게임 남자 복싱 라이트 플라이급(49킬로그램)결승에서 비르잔 자키포프(카자흐스탄)을 3:0판정으로 꺾고 금메달을 목에 걸었다. 복싱이 아시안 게임 금메달을 획득한 것은 3개를 딴 2002년 부산대회 이후 12년만이다. 2006년 도하에서는 은메달 3개와 동메달 1개, 2010년 광저우에서는 동메달 1개에 그쳤다.

남자 복싱 49kg급 이하 결승에서 비르잔 자키포프(카자흐스탄)를 상대로 3:0 승리해 금메달을 목에 걸었다. 신종훈은 한국이 12년 만에 따낸 금메달의 첫 주인공이 됐다.

더불어 만년 '기대주'에 머물던 설움까지 떨쳐냈다. 지난 2010 광저우대회 8강 탈락, 런던올림픽 예선탈락의 충격은 더 이상 재연되지 않았다.

가난이 싫어 글러브를 낀 신종훈은 전형적인 헝그리 복서다. 2009년 2011년 세계 선수권에서 각각 동메달과 은메달을 손에 넣었지만 아시안 게임과 올림픽에서 메달과 인연을 맺지 못했다.

이날 링에서 만난 상대는 2010년 광저우대회 8강에서 자신을 쓰러뜨린 자키포프, 설욕의 날을 기다렸다는 듯 1라운드부터 거센 펀치를 쏟아낸 신종훈은 시종일관 상대를 몰아 붙였다. 3라운드 종료를 알리는 종소리가 울렸을 때 신종훈은 오른쪽 눈에 시퍼런 멍이 들었지만 얼굴은 우승을 예감한 듯 활짝 웃고 있었다.

경기 후 애타는 마음으로 경기를 지켜보던 모친과 뜨거운 포옹을 나눈 신종훈은 울고 싶은데 눈물이 안 나온다. 너무 좋아서 그런가 보다며 감격을 감추지 않았다. 그는 집안 형편이 좋지 않아 복싱을 시작했다. 현재 부유하지는 않지만 집도 마련했다. "내방이 있다는 게 너무 행복하다"고 힘들었던 시절을 돌아봤다. "국내에서 열린 아시안게임에서 금메달을 따 기분이 좋다"며 소감을 전했다.

신종훈이 경기 후 당찬 포부를 밝혔다. 이제부터 복싱하면 신종훈이라는 말을 기억해야할 것 같다.

그는 스피드 넘치는 공격을 구사해 '소닉맨'이라는 별명을 얻은 것처럼 1라운드부터 상대를 거세게 몰아붙였다. 끝내는 자신을 2010년 8강에 머물게 했던 자키포프를 상대로 완승을 따냈다. 상대인 자키포프도 그의 실력을 인정할 수밖에 없었다. 자키포프는 공식인터뷰 자리에서 신종훈의 기량을 칭찬하며 신종훈은 잘하는 선수다. 열심히 했기 때문에 칭찬받을 만한 가치가 있다"며 추켜세웠다.

복싱은 배고픈 운동이다. 소위 헝그리(Hungry)정신으로 똘똘 뭉쳐야 한다.

아시안게임이 끝났지만 아직 갈 길이 멀다. 앞으로 세계선수권대회 및 2016 리우올림픽까지 더 큰 목표가 남았기 때문이다. 신종훈은 "많이 부족하다. 더 보완해서 11월 달 있을 경기에서 좋은 성적을 거두겠다. '복싱하면 신종훈'이라는 말이 나올 수 있도록 열심히 훈련하겠다."며 강한 의지를 드러냈다.

인터뷰 자리는 협소하고 복잡했다. 경기 후 시상식과 기자회견이 곧바로 이어졌고, 장내는 숨가쁘게 돌아갔다. 신종훈은 공식 인터뷰가 끝나 어수선한 상황에서 마지막으로 마이크를 붙잡고 복받치는 감정을 토해냈다.

"금메달 땄는데…. 떨려서 말을 잘 못했지만, 이거 준비하면서 정말 피나는 노력을 했다. 남들이 안 된다고 했을 때 믿고 응원해주신 분들이 있어 이 자리까지 올 수 있었다. 감사하다. 대한민국 복싱에 많은 지원과 관심 부탁드린다."

신종훈(25세 인천시청)과 함상명(19세 용인대)이 한국 복싱에 12년 만의 아시안게임 금메달을 안겼다. 이로써 한국 복싱은 2002년 부산 대회 이후 최고의 성적을 기록하게 됐다. 복싱하면 '신종훈'이라는 말이 나오도록 하겠다." 그의 당찬 포부다.

나는 신종훈의 복싱경기를 텔레비전으로 끝까지 응원을 하였다. 너무 가난하여 복싱하였다고 하는 복싱소년, 신종훈은 끝까지 꿈을 놓지 않으면 그 꿈을 성취하는 것을 봤다. 신종훈 파이팅. 우리 대한민국 파이팅!

해운대

연일 천만이 넘었다는 방송을 접하면서 무슨 영화이길래 많은 관객들이 몰렸을까 생각을 하며 가족과 집에서 '해운대'라는 영화를 봤다. 부산 해운대에 쓰나미(지진해일)가 몰려와 전 시가지를 덮치는 내용이었다. 2004년 12월 26일에 있었던 인도네시아 쓰나미에서 힌트를 얻어 만든 작품이었는데 상당히 잘 만들어진 영화라는 생각이 들었다.

5년 전 인도네시아 동부지역에서 규모 7.3의 강진이 발생했다. 바다에서 일명 해일인 쓰나미가 일어나서 상상할 수 없을 만큼 많은 사람들이 죽었고 모든 것들이 초토화 되었다. 당시에도 지질 당국은 지진 발생 직후 쓰나미 경보를 발령했지만, 30여 분 만에 해제했다고 하니 왜 그렇게 진실을 믿지 못할까 안타까울 뿐이었다.

지난 2004년 12월 25일 인도네시아 해일에 따른 사망자는 22만 명으로 집계됐으나 그보다 더 많을 것으로 추측하고 있다. 동남아 최악의 강진 현장은 말 그대로 아비규환으로 그려지고 있었다. 홍수 속에서 필사적으로 건물에 매달려 구해달라고 하는 사람들을 비롯하여 난장판이 된 해안의 모습은 차마 눈을 뜨고 볼 수 없을 만큼 끔찍했다. 인도네시아 사람들은 눈앞에 일어난 믿을 수 없는 상황에 지구의 종말이 온 것이라 생각했다고 하니 당시 상황이 얼마나 처참했는지 여실히 느낄 수 있었다. 해일이 지나간 자리에는 삶의 터전을 잃은 사람들의 공허한 눈빛만이 방황하고 있었다. 그럼에도 불구하고 희망의 끈을 놓지 않는 곳곳에서 기적과도 같은 일이 일어나 우리들의 마음을 훈훈하게 하였다.

이 모든 모습을 담아 만들어 천만관객을 울린 작품이 바로 영화 해운대이다. 부산 해운대를 배경으로 만들어진 영화지만 2004년 12월 26일 인도네시아에서 실제로 그런 일이 있었던 것을 생각하면 영화의 내용이 완전히 현실성이 없다고 말하지는 못할 것 같다. 영화에서도 해운대에 과학적인 근거를 가지고 방재 책임자에게 쓰나미가 올 것을 수차 경고하지만, 지질학자의 말을 무시하는 바람에 결국 수많은 생명들이 희생당하는 것을 보면서 인간의 불신과 의심, 그리고 무지가 얼마나 위험한가를 다시 한 번 깨닫게 되었다.

나는 사실 이 영화를 보고 싶지가 않았다. 만화같이 유치하지 않을까 걱정했지만 영화를 보고나서 생각이 바뀌게 되었다. 허구로 만들어졌지만 1000만을 넘어설만한 애기라는 생각이 들었다. 탄탄한 스토리와 인물설정, 휴머니즘 등 여러 가지 복합적인 것들이 섞여 있어서 많은 영화를 보는 자들에게 감동을 주었으리라는 생각이 들었다. 또 일상에서 일어나는 몇몇 가정의 끈끈한 정을 바탕으로 감동을 주었다. 해피엔딩으로 마무리되어 영화를 본 사람이면 감동을 받았을 터이다. 해운대에서 일어난 그 모든 것이 우리 주위에서 일어나는 일상이라 더욱 반향을 불러일으킨 것 같다. 윤제규 감독 특유의 코미디와 휴머니즘이 결합되어 재난영화에 특유의 인간성을 살려낸 점에 많은 사람들이 몰려온 것이리라 생각된다. 마음 한구석에 와 닿는 눈물샘을 자극한 큰 감동이 있는 영화였다.

우리가 살아가면서 꼭 해일만 오는 것이 아니라 엊그제 갑자기 일어난 임진강 사고나 교통사고, 멀쩡하던 다리가 붕괴되어 목숨을 잃는 등 그 모든 것들이 우리들에게는 쓰나미와 같다.

부모 형제일이나, 자녀들의 일로, 가장이 갑자기 직장을 그만두었을 때나, 사업에 갑자기 어려움이 왔을 때, 불치병이 들었을 때도 마찬가지리라.

며칠 전 임진강 사고는 나를 충격 속에 빠뜨렸다. 연일 텔레비전으로 보도되는 임진강 사태…. 6인의 귀한 목숨들을 앗아갔다

국민의 생명을 지킨다는 '군'은 자기소관 아니라고 나 몰라라 하고 비상사태를 대비해 당직을 서는 자는 집에 가서 낮잠이나 자고 수위위험을 알리는 경보 기계는 고장 나고. 이젠 고장 났음을 알면서도 방치했다는 기사가 나왔다. 경찰 소방대에서도 최초 신고를 묵살했다는 이야기마저 유족들로부터 나오고 있다.

이 기사를 보면서 우리 가족들도 어느 날 갑자기 이런 일은 닥칠 수 있다는 생각이 들었다.

인도네시아 푸켓섬에서 일어난 해일, 먼 미래의 이야기가 아니라 곧 우리 지구의 이야기라 할 수 있겠다. 미래에 닥칠 일을 우리영화 '해운대'는 멋지게 홈런을 날렸다.

지질학자들은 우리나라도 예외일 수는 없다 한다. 절대로 그런 일은 없어야 하겠지만 바다의 해일 뿐 아니라 여러 종류의 해일들을 빗겨나 가길 바랄 뿐이다.

나에게 앞으로도 다가오는 해일이 많을 것이다. 얼마가 될지는 모르지만 닥쳐오는 해일을 슬기롭게 헤쳐 나가기 위해서는 지금 나에게 주어진 일에 최선을 다하며 삶에 충실해야겠다는 다짐을 해본다.

하나님의 자녀인 우리는 시편 91편을 생각해보자 "이는 저가 너를 사냥꾼의 올무에서와 극한 염병에서 건지실 것임이로다 저가 너를 그것으로 덮으시리니 새가 그 날개 아래 피하리로다 저가 너를 위하여 그 사자들을 명하사 내 모든 길에서 지키게 하심이라"

하늘로 소풍간 아이들

- 여행 떠난 아이들

시인 천상병의 시, 「귀천」은 시를 잘 모르는 사람들에게 까지도 널리 알려져 있다.

> 새벽빛 와 닿으면 스러지는/ 이슬 더불어 손을 잡고/ 나 하늘로 돌아가리라/ 아름다운 이세상 소풍 끝내는 날/가서 아름다웠더라고 말하리라

이 세상이 천상병 시인처럼 아름다운 소풍으로 끝나길 모두가 바라는 일이지만.

세월호 사건을 연작으로 기록하기 위해 신문지면을 뒤적이면서, 눈물범벅으로 중단하고 또 정리한다. 아, 어찌 이런 일이 있을 수 있을까 비통함이 가슴을 짓누른다.

모두가 귀한 생명이고 사연도 많지만 어린 나이의 고등학생들의 죽

음은 국민 모두 가슴에 멍울을 남겼다.

우리나라는 오래전부터 지금까지 큰 대형사고가 잊을 만하면 빈번하게 일어나고 있다. 오래전 일어났던 대연각 호텔 화재 사건은 165명, 성수대교가 무너지던 날 아침에는 학교에 가던 무학여고의 여학생들을 포함한 32명이 희생당했다. 삼품백화점 붕괴 사건은 501명, 서해 페리호 침몰사고는 292명, 천안함 피격사건으로 46명의 해병이 목숨을 잃었다.

이와 같은 일련의 사건과 아픈 추억을 떠올리며 가슴이 먹먹해 온다. 선원을 포함하며 승객 476명을 태우고 인천을 출발하여 캄캄한 어두움의 뱃길로 제주도를 향하던 여객선 세월호가 진도 앞바다에서 침몰함으로 아까운 목숨 302명을 잃고 말았다. 아직까지도 시신 인양조차 되지 않아 발을 동동 구르는 가족들의 통곡소리가 멈추질 못하고 있다. 사연 많은 한 사람 한 사람 인양될 때마다. 그 슬픔과 비통함이 더해만 가고 있다. 17살 꽃다운 나이의 안산 단원고 소년 소년들의 소풍은 이렇게 슬픔과 눈물범벅이 되고 말았다. "잘 다녀오겠습니다." 해맑게 인사하고 제주도 소풍길에 올랐던 아들딸들이 돌아오지 않고 있다.

16일 전남 진도 앞바다에서 침몰한 세월호에 경기 안산 단원고 학생들의 가족 등 지인과 마지막으로 주고받은 문자 메시지와 통화 내용이 알려지면서 안타까움을 더해가고 있다. 단원고 2학년 신모군은 이날 오전 어머니에게 "엄마 내가 말못할까봐 보내놓는다. 사랑해" 사랑

한다고 보내온 문자가 마지막이었다.

난 이 메시지를 보면서 가슴이 찢어질 듯 아파 종일 아무 일도 잡히질 않았다. 나도 자식이 둘이지만 깊은 잠에 빠져 있다가도 아이들의 잠꼬대 같은 신음과 기침 소리에도 잠에서 벌떡 일어나 수건을 목이 따뜻하도록 메어주고 머리에 열이 있는지 없는지 확인하곤 다시 잠자리에 들었다. 자식을 둔 부모의 입장에서 세월호 부모를 생각하면 난 지금도 한 쪽 가슴이 먹먹해진다.

모든 부모가 자기 자식을 사랑하는 마음은 한결 같은 것이라 생각이 든다. 많은 학생들이 구조되기를 절대자께 기원한다.

"무슨 잘못이 있기에 어찌 어린 아이들을 그리 빨리 데려 가시는지요." 무엇이 그리도 급해서 이 세상 아이들 소풍을 마치게 하고 하늘나라로 데려 가시는지를 묻고 싶다. (2014. 4.)

의로운 죽음

시민이 주도한 국장은 오늘도 연일 진행되고 있다. 국민 모두가 세월호 뉴스를 보며 가슴이 아파하고 화도 나기도 했다. 집단적인 트라우마를 겪고 있다고 해도 과언이 아니다.

세월호 침몰 후 한 달이 거의 다 된 5월 13일자 신문지면에 3인의 의사자 선정이 신문지면을 장식하고 있었다.

'의사(義士)', '의로운 지사(志士)' 혹은 '나라와 민족을 위하여 의롭게 목숨을 바친 사람'을 가리키는 말이며 어떤 순간에도 비겁하고 비열하게 자기 목숨을 지켜 연명 하지 않고 의리 있게 지조를 지키고 숭고하게 죽어간 인물을 일컫는 말이다.

영어로 순교자인 'marty' 혹은 애국자인 'patriot' 이란 단어를 사용하는 것을 보면 '의사(義士)란 거의 순교자에 가까운 인물을 지칭하는 말이다.

정부가 12일 의사자로 인정한 세월호 승무원 박지영(22.여)씨와 김기웅(28), 정현선(28.여) 씨는 배가 침몰하는 마지막 순간까지 승객들의 구조를 돕다 목숨을 잃었다. 세월호의 선장 이준석 씨가 속옷 바람으로 허겁지겁 탈출하는 사이 이들은 오로지 지켜야 할 승객들만 생각했다. 그러나 결국 자신들은 구조되지 못하고 싸늘한 시신으로 돌아와 가족의 품에 안겼다.

의사자는 다른 사람을 구하기 위해 위험을 무릅쓰고 구조행위를 하다 사망한 사람들로, 숭고한 희생정신을 기리고자 정부는 분기별로 의사상자 심사위원회를 열어 의사자를 정하고 있다. 의사자가 되면 유족들에게 보상금, 의료급료, 교육보호, 경제보호, 취업보호 예우가 이뤄지고 시신은 국립묘지에 안장된다.

숨진 박씨는 배가 기울어 가슴까지 물이 차오른 상황에서도 승객들을 안심시키며 필사적으로 구명조끼를 나눠줬다. 구명조끼가 부족해지자 한 여학생에게 자신이 입고 있던 구명조끼까지 양보하는 살신성인을 실천했다. 조끼를 건네받은 여학생이 “언니는요?” 라고 묻자 박씨는 “선원들은 맨 마지막”이라고 말한 것으로 알려졌다. 김기웅 씨와 정현선 씨는 결혼을 앞둔 예비부부로 함께 승객들을 구조하다 참변을 당했다. 김씨는 사고 당시 자고 있던 동료 선원 3명을 대피시키고 정현선 씨를 찾기 위해 다시 배로 들어갔다. 정씨와 승객 1명을 찾아낸 김씨는 함께 탈출하려 했지만 아직 선내에 있는 승객들을 두고 차마 여객선을 빠져 나올 수 없었다. 김씨와 정씨는 동행한 승객을 먼저 탈출

시킨 뒤 기울어지는 선내로 다시 뛰어 들어갔다.

인천대 학생이던 김씨는 군에서 제대하고 용돈을 마련하기 위해 4년 전부터 선상에서 불꽃놀이 진행 아르바이트를 해온 것으로 알려졌다. 정씨는 책임감이 강한 10년 배테랑 승선원이었다. 김씨와 정씨는 4년간 교제했으며 오는 9월 결혼을 약속했었다.

어려서 배운 개화기의 역사적인 인물들의 이름과 일화들 중에서 안중근 '의사(義士)의 이름과 칭호를 기억한다. 유관순 누나나 이준은 열사(열사)라고 했고 그에게는 '의사(義士)'라는 칭호가 붙여졌다. 인중근(1879-1910)이 누구인가. 그는 대한민국 침략의 원흉이었던 이토 히로부미(1841-1909)를 1909년 10월 26일에 하얼빈역에서 저격한 독립운동가요 민족 계몽운동에 앞장섰던 교육가이다. 현장에서 체포된 그는 다음해인 1910년 3월 26일 류순 감옥에서 사형당하였다. 아들 안중근이 사형언도를 받고 감옥에 갇혀있을 때 보낸 그의 어머니 조성녀 여사의 편지가 역사 속에 전해져 오고 있다.

"옳은 일을 하고 받는 형이니 비겁하게 삶을 구걸하지 말고 떳떳하게 죽는 것이 이 어미에 대한 효도인 줄을 알아라, 살려고 몸부림 하는 인상을 남기지 말고 의연하게 목숨을 버리거라. 네가 만약 늙은 어미보다 먼저 죽은 것을 불효라 생각하면 이 어미는 웃음거리가 될 것이다. 너의 죽음은 너 한사람 것이 아니라 조선인 전체의 공분을 짊어진 것이다. 네가 나라를 위해 이에 이른즉 딴 마음 먹지 말고 죽으라. 네가 항소를 한다면 그건 네가 일본에게 너의 목숨을 구걸하는 것이다. 너는 대한을 위해서 깨끗하게 죽어야 한다. 아마도 이 편지는 이 어미가 너에게 쓰는 마지막 편지가 될 것이다. 여기에 너의 수의를 지어 보내니 이 옷을 입고 가거라."

의사자가 된 고 김기웅군의 아버지도 아들에게 "사회생활이나 학교생활 할 때 친구들한테 너를 알리려고 하지 말고 너를 알게끔 항시 행동을 해라"고 늘 그런 식으로 얘기 했다는 신문지면을 보면서 죽음 앞에서도 의로운 행동을 한 부모의 역할이 얼마나 중요한지를 새삼 느끼게 되었다.

어느 나라에나 사고와 사건은 있고 우리나라는 잊을 만하면 하늘과 땅과 바다에서 크고 작은 사고들이 있었다. 금번 세월호 사건이 전 국민을 슬프게 하고 반면 분노하게 하는 것은 사건 초기에 배와 승객들을 버리고 선장과 작지 않은 수의 선원(29명중 17명 탈출)들이 자기들만 먼저 탈출하여 살아 나왔다는 사실이다. 자녀의 생사를 모르는 학부모들은 이런 수치에 분노하고 있다. "대부분승무원이 승객 구조라는 본연의 임무를 다하지 않고 자기만 살려고 먼저 탈출한 결과 아니겠느냐고 말했다. 학생들의 증언도 크게 다르지 않다. 침몰당시 학생들은 대부분 아침 식사를 마치고 객실에 머물렀다. 그러다 사고가 나 물이 들어오는 데도 대부분의 학생은 어떻게 대피하라는 안내를 받지 못했다. 구명조끼를 나눠주는 승무원을 봤다는 학생증언도 나오지 않았다.

총책임자인 이준석 선장 역시 일찍 배를 떠난 것으로 알려졌다.

선장 혹은 선원이 누구인가. 배의 선장은 비행기의 조종사처럼 승객들의 안전을 책임지는 인물이다. 선원들은 선장이나 기관사를 비롯하여 여객선의 안전 운행을 위하여 처처마다에서 맡겨진 소임을 다해야만 하는 전문가들이 아니가.

그런데 1,000명씩이나 타고 내리는 국가적으로 가장 큰 연안 여객선 중의 하나인 '세월호'와 같은 배의 선장과 선원들의 직업관이나 근무태도가 어찌 그 정도 밖에는 되지 않았단 말인가. 온 국민들이 지금 분노하고 있는 것이다.

반면에 아깝고 불쌍하고 슬프게 목숨을 잃은 수많은 승객들이 순간적인 위기 앞에서 서로 당황하며 누군 살아보겠다고 누군 앞서 빠져나가겠다고 하는 그 아수라장의 현장에서 친구를 위하여 목숨을 버리는 의연한 죽음의 순간을 맞이한 이들의 가슴 뭉클한 이야기들이 우리의 코끝을 찡하게 하고 있다.

또한 그 뿐인가 세월호 침몰의 혼란 속에서도 남을 한 명이라도 더 구하려다 자기 목숨을 잃은 학생 양온유 양, 정치웅 군, 최덕하 군을 비롯하여 사무장 양대홍 씨와 남윤철 교사와 최혜정 교사들의 마지막 순간은 목격자들의 증언에 의하여 모두 의사의 대상으로 거명되고 있다. 시신 수습을 위하여 쪽잠을 자면서 과로에 지쳐가던 민간 베테랑 잠수사 이광욱 씨의 죽음도 결코 헛된 죽음이 아닌 값지고 의로운 죽음으로 오래도록 기억 될 것이다.

30일이 지난 지금도 시민이 주도한 국장은 계속되고 있다.

나도 이른 시간에 그곳에 가지 못해서 후회하기 전에 한 번이라도 그들을 찾아가 국화 한 송이라도 헌화를 해야겠다. (2014. 5.)

4

빠져든다는 것은

· 나는 그림 그리기와 글쓰기 외에 가끔 피아노도 친다.
그림은 어릴 때부터 약간 소질이 있어서 계속 공부하다.
30년이 훨씬 너머서 다시 붓을 쥐게 되었다.
아직도 붓질이 서툴고 쉽지는 않지만 다시 한다는 것이 고맙다.
개인전도 했고 정식 한국미술협회회원도 되어 나름대로
열심히 빠져든다는 것은 감사할 따름이다.

하나님께 하듯 하자

나는 날마다 하나님을 기쁘시게 하자는 생각을 하면서 실천을 하려고 하지만 주위환경이나 여러 가지 요인으로 근방 허물어진다.

보이는 사람에게 인정받아야 보이지 않는 하나님께 인정받지 않을까 하는 마음으로 매일을 살지만 내 자신이 사람으로 인해 상처 받을 때가 종종 있다.

철학자 스피노자는 "내일 지구의 멸망이 올지라도 한 그루의 사과나무를 심자"는 마음으로 산다고 했다.

주위의 사람이 말을 함부로 하여 마음을 아프게 하고, 모든 환경이 거기서 거긴데 남을 업수이 여기고 함부로 대하고 말을 교양 없이 하고 여러 가지 모습이 교만해 보여 나를 슬프게 할 때가 종종 있다. 내 자신도 그렇게 보일 때가 있겠지만.

그런 생각이 들 때 가끔 우리 집에 여러 가지 탈무드나 재미있는 얘기책들을 들여다본다.

여러 환경요인으로 힘들게 여행을 했던 한 여행자의 여행담이다.

> 한 젊은 여행자가 아주 황폐한 지역을 방문했다.
>
> 사방을 둘러봐도 나무와 물이 없는 절망의 땅이었다. 그때 한 양치기의 모습이 보였다. 그 목자의 이름은 엘제아루부피에, 그는 30마리의 양과 함께 그곳에서 살고 있었다. 목자는 입을 굳게 다문 채 무언가를 열심히 심고 있었다. 그것은 도토리였다. 그는 폐가에서 양을 돌보면서 하루에 100개씩 도토리를 심었다. 그의 이런 작업은 3년 전부터 시작된 것이었다.
>
> 그로부터 5년이 지난 후 1차 세계대전이 발발했다. 여행자는 군인이 돼 우연히 예전의 황폐했던 땅을 방문했다. 그런데 놀랍게도 그곳은 아름다운 숲으로 변해 있었다. 그 나무들은 엘제아루부피에가 그동안 심어 놓은 자작나무 밤나무 갈참나무가 절묘하게 어울려 환상의 숲을 형성하고 있었다.

그곳이 바로 남프랑스에서 가장 아름답고 살기 좋은 프로방스 지방이다. 그 지역이 황폐한 땅에 희망의 땅으로 한 사람이 만들어 낸 것이다.

나는 이 애기를 접하면서 나로 하여금 많은 사람이 희망이 되고 기쁨이 되는 사람이(너희는 우리의 영광이요, 기쁨이요, 살전2장 20절)되는 길은 무엇일까.

나는 크리스천이기 때문에 내 죄를 대속하신 예수님처럼 황폐한 마음에 희망을 주고, 씨앗을 주는 사람. 평안한 사람이면 어떨까

지금부터라도 내 힘으로 안 되면 예수님께 도움을 구하여 볼까 한다.

왜냐 하면 나는 아직도 교만한 사람이 싫고, 잘난 척 하는 사람이 싫고, 돈 많은 척 하는 사람이 무지 싫다. 그 사람들을 사랑하려면 예수님 같은 성품이어야 하는데 나는 그렇지 못하기 때문이다. 나는 모든 사람이 가지고 있는 인간의 속성을 벗어나지 못한 아주 연약하고 보잘 것 없는 자라는 것이 나를 안타깝게 만들기 때문이다.

(『기독교 수필』 제23집 2013.)

사랑과 기쁨

골로새서 주제는 사랑과 기쁨이다. 먼저 골로새 교회 믿음과 사랑에 대해 칭찬하고 그리스도의 인격과 성역을 논한다. 이단 사상의 침투에 대해 로마 옥중에서도 골로새 교회를 염려하여 잘못된 사상에 빠지지 말고 오직 옛사람을 벗어 버리고 새사람이 될 것을 권면하고 있다. 그리스도인의 생활에 있어 전반적인 사항들을 말하고 기도 생활에서 항상 힘쓸 것을 권면하고 있다.

골로새서 주제를 생각하면서 사랑과 기쁨에 대한 것을 쓰려고 한다. 『인간의미 추구』의 저자 빅터 프랭클 박사는 아우슈비츠 유태인 수용소에서 살아남은 몇 안 되는 생존자 중 한 사람이다.

그는 독일계 유태인 정신과 의사로서 수만 명이 학살당한 곳에 서 살아남았다. 열악한 음식과 환경, 아무 의료 시설조차 없는 곳에서 동료 유태인들은 수없이 죽어 갔지만 그는 죽음을 이겨냈다.

전쟁이 끝난 뒤 석방된 그는 어떻게 해서 살아 낼 수 있었는가 하는 질문을 자주 받았다.

프랭클 박사는 이렇게 대답했다.

"어떤 마음 자세를 갖는가는 내 선택에 달린 일임을 난 항상 기억하고 있었다. 절망을 선택할 수 있고 희망을 선택할 수 있었다. 아내와 다시 만날 날을 한시도 잊지 않고 생각하면서 늘 사랑하는 마음으로 기쁨과 희망으로 버텨나가서 살아나올 수 있었다."

나는 가끔 내 삶이 감사하다는 생각을 하곤 한다. 나의 일생은 사랑과 기쁨으로 지금까지 살아나올 수 있었다. 부모님의 사랑, 우리 남매들의 사랑, 그 모든 것들이 지금 까지 나를 있게 만들어 주었다.

남매들이 많고 어려운 환경으로 인해 많은 혜택을 받지 못했지만 다른 것으로는 서로 형제간의 서로 아껴주고 챙겨주는 사랑 때문에 우리 남매들은 기쁨으로 살아갈 수 있었다.

초등학교 때부터 책 읽는 것을 좋아해서 동화책 읽는 재미에 푹 빠져들기도 했다. 그런 나는 늘 손에서 책을 손에 놓지 않았다. 어릴 때 꾸었던 작가의 꿈은 나에게 있어서 기쁨으로 모든 일을 감당할 수 있었다.

많은 세월이 흘러서 어릴 때 꾸었던 작가가 되고 책을 3권을 내고 큰 상을 받았을 때 그 크나큰 기쁨이 내안에서 솟구쳐 나왔다.

아우슈비츠 유태인 수용소에서 살아남은 프랭크 박사처럼 늘 희망을 가지고 살았다.

나는 모든 것을 다 할 수 있다고 생각했었다. 나의 주인이신 하나님이 나의 아버지이니까. 나의 모든 것이 되신 예수님께 늘 감사드린다. 나의 삶을 인도해주시고 평생을 평안하고 행복하게 살 수 있게 해주실 것을 믿어 의심치 않으니까. (『기독수필』 제22집 2012.)

목장나들이

한국의 알프스 '양떼 목장' 이른 아침 초록의 대지를 뚫고 영롱한 이슬방울이 우리를 반기는 듯하다.

널따란 초원 위에 있는 소떼들의 평화로움과 양떼들의 울음소리는 평화로운 대지에 물결이 되어 여러 방향에서 몰려오는 듯하다. 우리 남매 몇 쌍이 강원도 평창을 거쳐 삼양 대관령 목장이 있는 곳을 갔다.

한국의 알프스라고 하는 목장이다.

드라마에서나 본 듯한 목장 드라이브가 생각만으로도 길이 싱그럽다. 넓은 등선 그 높은 곳에 많은 고랭지배추가 눈에 띈다.

강원도 평창의 대관령 목장은 우리나라 최대 규모의 목장이다. 크기가 무려 여의도의 7배에 이른다고 한다. 그러나 일반인들에게 개방되는 공간은 제한되어, 매표소에서 동해전망대로 이어지는 길만 개방되어 있다. 매표소에서 동해전망대까지는 2km 정도의 거리로 삼양목장에서 운영하는 셔틀버스를 타고 올라간다. 동해전망대에서는 맑은 날이면 강릉시와 동해바다가 내려다보이고 드넓은 대관령 구릉을 한 눈에 볼 수 있는 곳이다. 또 바람이 세기로 유명한 대관령에 자리하고 있는 삼양목장은 풍력발전단지로도 활용되고 있다. 목장 곳곳에 거대한 바람개비를 연상시키는 풍력발전기가 서 있어 또 다른 볼거리가 되고 있다.

내려올 때는 걸어 내려오거나 셔틀버스를 타고 내려올 수 있는데, 대개 셔틀버스를 타고 영화 촬영지까지 내려온 뒤 영화 촬영지를 돌아보고 걸어 내려온다. 영화 촬영지는 유명한 드라마 '가을동화'와 '베토벤 바이러스' 등이 촬영된 곳으로 초목지 언덕 위에 느티나무 한 그루가 서 있어 독특한 분위기를 자아내는 곳이다. 이 촬영지에서 매표소까지는 1km로 걸어 내려오는 데 약 30분이 걸린다. 동해전망대로 올라가는 셔틀버스는 주말이나 휴일에는 아침 8시 반부터 저녁 6시까지 수시로 운행되고, 평일에는 30분 간격으로 운행된다.

동양 최대의 초지목장 대관령 삼양목장. 각종 영화나 드라마 촬영지로 더 유명해진 삼양 대관령 목장은 600여만 평을 자랑하는 동양 최대의 초지목장이다.

유명 TV프로그램에서 한 가상부부가 여행을 떠나면서 유명세를 타게 된 대관령 양떼 목장은 대관령 정상에 위치하고 있어 태백산맥의 웅장한 자태를 뽐내는 곳이다. 우리나라 유일의 양떼 목장이며 목장 산책로의 아기자기한 모습은 한 폭의 동양화를 연상시킨다.

특히 목장에 올라 바라보는 노을 지는 황혼은 마치 꿈결 같은 장관을 보이며 넓은 초원에서 한가롭게 풀을 뜯고 있는 양떼들의 모습은 이국적인 유럽의 풍경을 자아내 마치 스위스 알프스로 착각할 정도다.

우리 남매들은 정상에 올라가서 모두 차에서 내렸다. 몇 구간을 내려오면서 한국의 알프스라는 말이 실감되었다.

대자연의 생명력을 식품산업 속에서 활성화시키려는 삼양축산의 개척정신으로 건설된 곳으로 워낙 넓은 탓에 봄이면 봄꽃들이 지천이고 가을에는 구절초가 군락을 이룬다. 소의 목마름 해소를 위해 마련된 삼정호에는 천연기념물인 원앙이 텃새로 자리하고 있다.

총 5구간으로 나눠진 목책로는 각 구간별로 특색 있는 테마를 갖고 있어 반드시 트래킹 해봐야 할 곳이다. 제1구간 바람의 언덕으로 끝없이 펼쳐진 초지 위를 바람 따라 걷다 보면 일상의 근심과 시름은 어느새 맑은 하늘이 돼 있을 것이다. 제2구간 숲 속의 여유는 울창한 나무, 야생화, 산새들과 풀벌레의 지저귐에 어우러져 대자연의 하모니를 감상할 수 있으며 3구간 사랑의 기억은 영화 등 '엽기적인 그녀'와 '연애소설', '베토벤 바이러스' 등 수많은 장면의 연출이 이어지는 곳이다.

초원의 산책인 제 4구간은 드넓게 펼쳐진 초원위에 한가로이 풀을 뜯는 소와 양떼를 만날 수 있으며 5구간 마음의 휴식에서는 수 백 년 된 노송과 주목, 희귀한 야생화 등을 감상하며 평온한 휴식을 취할 수 있다.

내려오면서 많은 양떼를 볼 수 있고 여러 가지 가을꽃들이 무리지어 피어있어 우리 모두를 즐겁게 해주었다. 여러 컷의 사진도 기념으로 찍고 우리 남매들의 웃음소리가 메아리처럼 구간에 울려 퍼진다.

내려오는 구간에 넓은 초원 위에 순한 양들의 노는 모습을 보면서 참으로 평화롭다는 것을 느꼈다. 약 40분간 시원하게 탁 트인 1.2km의 산책로를 걷다보면 어느덧 일상의 잡다한 근심걱정은 저 멀리 사라지게 되며 대자연의 품속에 동화돼 순수한 마음을 갖게 된다. 양들을 쓰다듬어도 가만히 있고 부드러운 솜이불을 만지는 것 같다.

한국의 알프스 같은 이 목장은 아이들에게는 재미있고 유익한 자연학습 체험장, 사랑하는 연인에게는 따스하고 정겨운 데이트 코스, 중·장년층에게는 지나온 세월을 다시 한 번 새로이 느끼게 하는 장소로서 양떼목장은 잔잔한 감동과 추억을 간직해주는 소중한 공간이 될 것이다.

꿈결 같은 평화로움이 있는 곳 평창, 단풍같이 고운마음을 싣고 가는 이곳 삼양목장은 세발 풍차의 낭만적인 모습, 하늘 높이 떠가는 하얀 구름, 사방을 둘러싼 넓디넓은 초목 등 자연을 흠 뻑 맛볼 수 있는 드넓은 목장의 매력 속으로 빠져서 평화를 만끽해보는 건 어떨까.

우리 남매들을 쳐다보니 답답한 도심 속에서 벗어나 평화로움을 한껏 담아갈 수 있는 양, 대관령 목장의 매력에 푹 빠져버렸다.

(『기독수필』 제23집 2013.)

잡초제거

북한산 밑에 있는 우리 아파트는 전 주민을 대상으로 한 달에 한 번 주말에 잡초 뽑는 날로 정했다.

주민들에게 강제성은 없고 자율적으로 자발성을 요구한다. 언제나 나오는 사람 모두가 나이가 지긋하신 어르신들만 나오고 젊은이는 찾아볼 수가 없다. 하지만 몇몇이 나와도 잡초를 뽑는다.

나도 주말이라 집에 있을 때는 잡초 뽑는 대열에 참여를 한다. 그렇지만 쉬운 일을 결코 아니다. 말 그대로 아무데서나 곳곳에 뿌리내려 있는 잡초들을 뽑기는 역부족이다.

우리네 삶도 마찬가지다. 부조리한 잡초 같은 인간들이 얼마나 많은 사람들을 힘들게 하고 있는지 말이다. 외국에서는 사람들을 납치해서 여러 장기를 팔아먹기도 하고 어린아이들을 납치해서 눈을 제거하고 마약 밀매상 등, 우리네 삶속에 악의 뿌리가 잡초처럼 자리 잡고 있어 얼마나 많은 사람들이 삶을 헤집고 다니는 지 말이다.

잡초는 그 나마 한군데 뿌리박고나 있지 사람들은 그렇지 않다. 잡초보다 못한 인간들이 얼마나 많은가 말이다.

얼마 전 신문지면에서 읽었던 내용이다. 재벌가 자녀들이 국내에 거주하는 외국인 자녀를 대상으로 설립된 외국인 학교에 부정입학한 정황이 또 드러났다. 지난해 같은 사안으로 재벌가와 상장사 대표 등 부유층이 법원에서 유죄판결을 받은 바 있다. 이를 비웃기라도 하듯 '내 자식만 잘되면 그만이라는 재벌가의 도덕 불감증은 여전히 개선되지 않고 있다. 노블레스 오블리주는 기본적인 도덕률이나 준법의식마저 의심될 지경이다.

이 가운데 한 명은 영주권 증빙서류를 추후 제출한다는 조건으로 국내 사립초등학교에서 외국인 학교로 전학한 것으로 드러났다. 또 다른 재벌가들도 수천만-수억 원을 투자하면 취득할 수 있는 에콰도르 영주권이나 캄보디아 시민권으로 자녀들을 외국인 학교에 보내는가하면 현지법인 등기 이사로 등재해 얻은 영주권을 이용해 싱가포르에 거주한 적도 없는 아들을 외국인 학교에 입학시켰다.

돈으로 교육을 사고파는 현실에서는 고질적인 양극화의 늪을 빠져나갈 도리가 없다.

그럼에도 우리 사회에서 나고 자란 재벌이 사회 정의에 반해 교육을 금전만능의 수단으로 전락시키는 것은 대다수 국민에게 위화감을 주는 해악적 행위가 아닐 수 없다. 수사 당국과 교육부는 재벌가의 부정입학을 뿌리 뽑겠다는 자세로 조치를 취해야 할 것 같다.

잡초보다 못한 인간들이 세상에는 많다. 잡초를 뽑으면서 여러 가지 생각에 사로잡혀 본다. 우리 동네 어르신 중 몇 분은 화초에 대해 전공하신 분도 있고 지금 하고 계신분도 계신다.

어른 신들이 하시는 말은 텃밭을 일구는 재미는 여러 가지가 있지만 7, 8월 잡초 제거하는 재미도 끝내준다고 혹시 분노 관리에 문제 있다면 유기농 하는 농부네를 찾아서 잡초 뽑기 자원봉사라도 권유하고 싶은 수준이다. 7월의 잡초는 4월~5월 잡초와 달리 땅에 깊게 뿌리 박고 있다. 6월 망종 무렵 벼 모내기철에 내리는 초여름 비를 맞고 자란 잡초이기 때문이다.

가뭄을 뚫고 견딘 끈질긴 잡초이자 생존의 요령도 잘 보여준다. 잡초 중 참비름과 쇠비를 부류는 잡아채면 도마뱀이 꼬리를 자르고 도망가듯 줄기가 뚝뚝 끊어져 뿌리를 보존한다. 바랭이와 벗과의 잡초들은 깊게 뿌리를 내리면 위아래로, 좌우로 마구 흔들어 흙이 얼굴에 튈 정도까지 힘껏 흔들어 뽑아야 하는데, 요즈음은 근육통이 생겨 허리를 잘 펴지 못할 때도 있으며 힘을 쓰다가 엉덩방아를 찧기도 한다.

이렇게 진땀을 빼면서 잡초를 뽑고 나면 기분이 개운해진다. 낫을 쓰지 않고 힘을 쓰는 이유라 하신다.

나는 오늘도 어르신들과 잡초를 뽑으며 부조리한 사회에 대한 분노가 쌓이는데 정치가 이를 개선해 주지 않으니 주말마다 텃밭의 잡초를 뽑으면서 화를 삭인다. 언제쯤 덤덤해질 것인가.

프로방스 이야기

· 파주의 프로방스

날씨가 좋은 봄날에 문득 파주에 있는 프로방스를 가게 되었다. 10여 년 전 교회 성직자들과 다녀왔고 오랜만에 가족과 다녀왔다. 낮에는 더웠지만 외출하기에 좋은 날씨여서 걷기도 하고 깔끔한 주위환경을 돌아보며 아이쇼핑을 했다.

액세서리도 보고 옷도 보고 예쁜 상품들은 많은데 다른 곳에 비해 비싸서 구경하는 것으로 만족했다.

봄이라 여러 가지 유채색들이 나의 눈을 더욱 행복하게 만들었다. 여기저기 정원들이 많이 생겨서 볼거리도 많아졌다. 10년 전에 성직자들과 왔을 때와는 달리 입점된 상점들이 많이 생겨났다. 주위 환경도 더욱 프랑스의 프로방스같다는 생각을 했다.

평일 점심인데도 프로방스 정면에 모네의 정원에는 한정식이 세일가로 나와서 삼삼오오 아줌마들의 모임들로 자리가 꽉차있다. 단체여행 온 동남아 여행객들도 눈에 띄지만 점심은 거의가 아줌마들이 삼삼오오 자리를 잡고 있었다. 머리도 식힐 겸 쇼핑도 하고 식사 한 끼 하기는 괜찮은 거 같았다.

프랑스의 남부도시에 있는, 유럽의 색채가 가득한 프로방스를 파주에서 만나보게 된 것이다. 커피도 마시고 다양한 볼거리도 많았다. 허브로 만든 여러 가지 향과 비누들이 나의 발걸음을 멈추게 하였다.

· 프랑스 남부 프로방스

이곳을 거닐다보니 프로방스에 얽힌 내용이 생각난다.

한 여행자가 아주 황폐한 지역을 방문했다. 사방을 둘러봐도 나무와 물이 없는 절망의 땅이었다. 그 때 한 양치기의 모습이 보였다. 그 목자의 이름은 엘제아르 부피에, 그는 30마리의 양과 함께 그곳에서 살고 있었다. 목자는 입을 굳게 다문 채 무언가를 열심히 심고 있었다. 그것은 도토리였다. 그는 폐가 옆에 양을 돌보면서 하루에 100개씩 도토리를 심었다. 그의 이런 작업은 3년 전부터 시작된 것이었다.

그로부터 5년이 지난 후 1차 세계대전이 발발했다. 여행자는 군인이 돼 우연히 예전의 그 황폐했던 땅을 다시 방문했다. 그런데 놀랍게도 그곳은 아름다운 숲으로 변해 있었다. 엘제아르 부피에가 그동안 심어놓은 자작나무 밤나무 갈참나무가 절묘하게 어울려 환상의 숲을 형성하고 있었다.

그곳이 바로 남프랑스에서 가장 아름답고 살기 좋은 프로방스지방이다. 여행자는 희망의 씨앗을 뿌리는 사람이었으며 황폐한 마음밭에 희망의 숲을 만든다.

오래전 시어머니 병문안을 가면서 프랑스 프로방스마을을 찾아 갔다. 독특한 프로방스 스타일의 인테리어. 프랑스 남부지방의 아름다움에 매료되어 항상 동경하였던 축복의 땅 프로방스 타운.

모든 사람들의 로망인 프로방스 타운은 눈이 부시도록 파란 하늘과 전원주택이 한 폭의 그림처럼 촘촘히 박혀있는 보석같은 마을이다. 서쪽으로는 지중해, 동쪽으로는 알프스산맥과 접해 있는 프랑스 남부지방에 위치한 코트 다쥐르 지역의 마르세유, 니스, 생폴 드 방스, 에스, 망통, 뤼베롱, 아비뇽, 오랑주,아를, 엑상프로방스, 그라스, 앙티브, 에즈 등 크고 작은 마을들은 같은 듯 다른듯 프로방스만의 독특한 정취를 느낄 수 있기에 아름다운 풍경에 매료된 수많은 예술가들이 창작열을 불태웠던 곳이기도 하다.

빈센트 반 고흐가 왕성한 작품 활동을 하였던 아를과 생 레미 드 프로방스 마을의 아름다움과 그의 불우했던 생애와 그림 속에 담겨진 인간적인 고뇌가 담겨져 있어 그의 작품을 대하는 사람들의 마음을 울리며 공감을 불러일으키게 하였다.

프로방스 마을에 대한 로망은 커지기 시작 하면서 마음 한구석에 감수성의 모태가 되어 뿌리를 이루게 되었다.

풍경과 예술, 역사와 일상이 하나가 되어 아름다운 풍경 속에 예술의 향취와 오랜 역사의 자취, 소박한 일상의 모습이 나의 가슴을 뛰게 하였다.

프로방스 마을의 넉넉하고 여유로움, 소소한 매력으로 꽉 찬 작은 도시와 마을들은 사시사철 푸르지만 늘 표정이 변하는 멋진 풍경과 다양한 건축물의 미학.

반 고흐에서 르누아르, 피카소 등 세기의 예술가들에게 듬뿍 사랑받은 마을 그들의 흔적이 살아 숨 쉴 것 같은 아틀리에가 있는 프로방스는 나의 마음속에 한가득 담겨져 늘 바쁜 일상에 쫓기듯 사는 사람들에게 프로방스 여행은 지친 일상에서 잠시나마 탈출하게 해주고, 행복 가득한 활력소가 되기에 부족함이 없기에 사진을 바라보면서 다시 한 번 회상해 본다. 프로방스 마을의 풍경은 처음 와보는 이들에게도 마치 오랜 전부터 본 듯한 느낌을 가져다 준다.

프로방스 마을의 넉넉하고 여유로움, 소소한 매력으로 꽉 찬 작은 도시와 마을들은 아름다운 풍경이라는 말을 들을 때 머릿속에 떠오르는 막연한 이미지는 어쩌면 프로방스 마을의 모습에서 비롯된 것일지도 모르겠다.

푸른 하늘, 밝은 햇살! 라벤더꽃의 달콤한 향기. 풍성하고 신선한 음식들. 세월이 지나도 투박하고 독특한 분위기의 거리와 그림 같은 집들이 조화롭게 어울려 이상적인 아름다운 풍경 그 자체가 되어 버린 것 같다.

살아가면서 지치고 힘든 삶의 무게에 짓눌려 늘 바쁘게 살아가면서 정신없이 살았던 지난 날 프로방스가 나에게 가져다준 가장 큰 선물은 여유로움과 풍요로운 삶의 방식이다.

프로방스로 향했던 여정들은 항상 시간이 이대로 멈추었으면 하는 아쉬움으로 마무리 되었기에 다시 찾을 때마다 늘 한결같은 편안함으로 나를 맞아주는 넉넉한 자연과 친근한 사람들. 자연의 아름다음에 나의 몸은 자연의 일부가 된 느낌이 든다.

우리들의 바쁜 일상과는 다른 시간이 멈추어 버린 다른 세상의 여유와 풍요로운 삶. 프랑스 사람들은 자신만의 공간인 집을 짓은 계획을 삶에서 가장 소중하게 여긴다고 말한다.

일상의 분주함 속에서도 그 꿈이 실현되도록 오랜 시간 동안 자신들의 집을 건축한다는 것이다

늘 바쁜 일상에 쫓기듯 사는 사람들에게 프로방스 여행은 지친 일상에서 잠시나마 탈출하게 해주고, 행복 가득한 활력소가 되기에 부족함이 없기에 사진을 바라보면서 다시 한 번 회상해 본다. 프로방스 마을의 풍경은 처음 와보는 이들에게도 마치 오랜 전부터 본 듯한 느낌을 가져다준다. 아름다운 풍경이라는 말을 들을 때 머릿속에 떠오르는 막연한 이미지는 어쩌면 프로방스 마을의 모습에서 비롯된 것일지도 모르겠다.

푸른 하늘, 밝은 햇살. 라벤더꽃의 달콤한 향기. 풍성하고 신선한 음식들. 세월이 지나도 투박하고 독특한 분위기의 거리와 그림 같은 집들이 조화롭게 어울려 이상적인 아름다운 풍경 그 자체가 되어 버린

것 같다.

우리가 이상적으로 생각하는 아름다운 풍경은 프로방스 마을에서는 일상적 생활이라 어느 도시, 어느 작은 마을을 특별히 추천할 것이 없는 곳이다.

살아가면서 지치고 힘든 삶의 무게에 짓눌려 늘 바쁘게 살아가면서 정신없이 살았던 지난 날 프로방스가 나에게 가져다준 가장 큰 선물은 여유로움과 풍요로운 삶의 방식이다.

프로방스로 향했던 여정들은 항상 시간이 이대로 멈추었으면 하는 아쉬움으로 마무리 되었기에 다시 찾을 때마다 늘 한결같은 편안함으로 나를 맞아주는 넉넉한 자연과 친근한 사람들. 자연의 아름다음에 나의 몸은 자연의 일부가 된 느낌이 든다.

우리들의 바쁜 일상과는 다른 시간이 멈추어 버린 다른 세상의 여유와 풍요로운 삶을 누리고 있다.

· 프로방스 정통기법과 정통성

프랑스 사람들에 대한 책을 접하면서 프랑스 사람들은 자신만의 공간인 집을 짓은 계획을 삶에서 가장 소중하게 여긴다고 말한다. 일상의 분주함 속에서도 그 꿈이 실현되도록 오랜 시간 동안 자신들의 집을 건축한다는 것이다.

프랑스는 지방별로 서로 다른 역사, 자연 환경의 영향을 받아 다양한 건축양식을 이루고 있다. 특히 프랑스 지중해 지역인 프로방스와

코트 다쥐르 지역은 기후가 연중 온화하여

여름에는 피서지역, 겨울에는 피한지로 잘 알려지게 되면서 프랑스 사람들에겐 프로방스 지역이 아름다운 자연의 조건을 한 몸에 축복 받은 곳으로 알려져 있다.

프랑스 남부지역 프로방스의 건축물은 자연미를 최대한 살리고 전통과 삶이 조화를 이루는 미학으로 발전되어 온 것 같다.

18세기의 프로방스와 코트 다쥐르 지역의 건축물과 주택의 모든 자재는 지역 주변에서 운반하여 사용하게 되었기에 예전의 건축물과 주택들은 모두가 돌, 나무, 석회, 기와 등의 재료를 이용하게 되었단다.

19세기 들어서면서 가내 수공업이 발달하게 되었고 경제공업화 시대에 접어들면서 기차로 운반이 가능한 건축자재들이 반입되면서 이 지역의 건축자재들은 대체 되기도 하였다. 그러나 전통적으로 지역 건축자재를 선호하는 마을사람들이 변함없이 고대부터 사용한 건축자재는 화강암으로 성을 건축하거나 주택을 건축 할 때 주로 사용되었다고 한다. 프로방스 지역은 돌 다음으로 주변에 모래가 많아서 모래와 석회를 섞은 모르타르(회반죽)를 주로 사용하게 되어 현존하는 대부분의 건축물과 주택들은 다양한 토양과 다양한 암석을 사용하게 되면서 이 지역 건축의 특징을 보여주고 있다

지리적으로 다양한 자원을 갖추고 있는 프로방스 지방은 화강암, 편마암, 섬록암 등이 존재한다. 해안의 침적지에는 호수 점토 등 매우 다양한 토사층과 인근에 화산지대가 존재하기에 프로방스 지역의 건축

물과 도로는 암석을 사용하게 되었던 것 같다.

이렇듯 프로방스의 건축은 기후와 자연의 순리에 따라 옛 조상들의 건축 기법과 정통성을 그대로 받아들여 지금까지 변함없이 계승하고 따르고 있다고 한다.

이 지역의 사람들이 정통성을 훼손하고 편리함만을 추구하였다면 프로방스를 사랑하는 사람들은 먼 옛날의 추억만으로 간직하고 회상 할 것이다.

편리함을 먼저 앞세우며 살아가는 우리들의 삶속에 프로방스 마을 같은 로망의 지역이 있다는 것만으로도 행복해야 하는 현실이 가끔은 서글프기도 하다.

프로방스를 방문한 여행자처럼 도토리를 심어 오늘날의 남부 프로방스를 만들어 냈듯이 나도 모든 부분에서 미미하나마 자작나무 밤나무 갈참나무가 절묘하게 어울려 환상의 숲을 형성했듯이 내가 하는 모든 일들이 훗날에 후손들에게 교훈이 되는 일이 되기를 기대해 본다.

내비게이션

남편과 함께 친지의 결혼식 천호동에 다녀오다 길을 잃었다. 오던 길을 다시 가게 되었다. 내비(내비게이션의 준말)를 따라 가면서 내비가 하라는 대로 길을 따라가다가 원 위치로 가기도 했고 또 한 번은 10분이면 갈 거리를 내비가 하는 대로 하다. 거의 한 시간 이상을 소비한 적도 있다. 안내하는 기계가 내비가 오작동 된 것도 아닌데 다시 원위치로 가게 된 것이다.

차 운전을 하는 사람은 없어서는 안 되는 기계이지만 나같이 운전을 잘 하지 못하는 사람은 필요한지를 모르겠다.

원래 나는 길을 잘 찾지를 모른다. 처음 가는 친구 집이나 동생 집을 찾아갈 때도 직접 메모를 하거나 정확하게 알지 못하면 몇 번씩 전화를 해서 찾아간다.

요즘은 택시운전 기사분도 자가용을 가지고 있는 모든 자들도 내비게이션를 가지고 있어서 길 찾는 것은 참 편리하다.

내비게이션의 뜻은 국어사전에는 지도를 보이거나 지름길을 찾아주어 자동차 운전을 도와주는 장치나 프로그램으로 적고 있다. 또한 순화어인 길 도우미를 쓰면 된다고 적고 있다. 영어의 '내비게이션(navigation)'은 배나 다른 차량의 항해, 배 항공기의 운항과 뱃사람들의 항해술을 뜻하는 말이다.

나침반과 지도, 해도(海圖), 별자리 위치 등이 이 항해술의 필수목록을 구성한다. 항해술에서 가장 중요한 것은 뭐니 뭐니 해도 네비게이터, 즉 항해사의 지도 해석 능력이다.

아무래도 수요나 인지도로 볼 때 내비게이션 또는 내비라고 하면 보통 자동차용 내비게이션을 일컫는다. 누구나 매일매일 운전사. 항해사가 되니까 무엇보다 유리창에 붙어있는 이 작은 직사각형 상자는 엄청나게 정교한 정보력을 가지고 있다.

일반적으로 차량용 내비게이션은 외부에 장착하는 경우가 많다. 보통 위쪽으로 유리에 부착하는 경우가 많으며, 이 경우 탈부착이 간편해서 다른 차량으로 옮기기도 쉽고 업그레이드(메모리카드 탈착) 및 유지보수도 간단한 편이다. 그러나 자동차의 외관을 망치고 시야를 가린다는 문제점 때문에 매립을 선호하는 사람들도 많다. 도난의 위험성도 높은 편이다.

최근에는 스마트폰의 급속한 보급 확대로 스마트폰만으로 내비를 돌리는 경우가 매우 많아졌다. 가장 대표적인 어플은 티맵으로, 택배차량이나 오토바이를 보면 주력 내비게이션 기계만이 아니라 운전석 주위에 핸드폰들이 주렁주렁 달려있는 경우도 있다. 이 경우 스마트폰을 장착하기 위해 유리나 센터 페시아(운전석과 조수석 사이에 있는 컨트롤 보드) 바람 구멍 등에 핸드폰을 매달게 된다.

남편은 스마트 폰의 내비게이션을 보면서 천호동에서 우리 집 쪽으로 길을 바꾸고 있다.

내비는 우리 삶에 필수제품이지만 내비 없으면 다른 지역을 가지 못하는, 머리가 빈 깡통이 될까 우려가 된다고 남편이 투덜댄다.

노래방이 생기면서 화면을 보지 않으면 노랫말을 모르듯이 기계에 의해 살다보면 나중에는 혼자서는 아무것도 인간이 할 수 없을 듯해서 걱정이다. 똑 같은 것은 사람에게 기억력이 점점 떨어지게 하는 것은 사실이다.

노래방이 생기면서 노랫말을 다 까먹고 전자 사전이 생기면서 영어 단어를 까먹고 일반사전 찾는 방법을 잊어버리듯이 훗날에 내베게이션 없으면 집 찾는 것도 잃어버리겠다.

스마트폰을 통해 자동차를 운전하거나 무인 운전도 꿈이 아니라 바로 지금 이루어지고 있는 현실이다. 그리고 내비게이션은 무인운전의 필수 요소다.

앞으로 더 발전된 기계가 나오겠지만 사람이 만든 것이기 때문에 여러 가지 오작동이 많이 나올 것이다. 미래는 인간의 두뇌도 기계가 좌지우지 할 것 같은 예감이 든다.

가장 길었던 수련회

파란 색을 색칠하듯 여기저기 녹색 물결이 어우러져 한여름의 향기를 드러내고 있다. 모든 초목들이 한낮의 불볕더위를 피하지 못하여 모두가 고개를 숙이며 산들바람을 기다리곤 한다. 모두가 한여름의 더위를 피하기 위해 너도 나도 산으로 바다로 휴가를 떠나 나름대로 오뉴월의 더위를 식히기도 한다.

올해도 예외 없이 곧 수련회가 다가온다. 청년수련회와 2차 몽산포 여름 수련회를 기대하게 된다. 거의 18년이란 긴 세월을 교역자 일을 하다 보니 여러 가지 각각의 사연들을 접하게 된다.

10여 년이 지난 그때도 지금처럼 선교회가 구성이 되어 있었다. 그때는 1선교회서부터 5선교회까지였다. 당시 나는 5선교회에서 2교구를 맡고 있었는데 각 선교회가 거의 100여 명 정도였다.

여름수련회 때였다. 당시의 숨가빴던 지난 일이 기억난다. 당시에도 덕정에서 청년수련회를 했었는데 내가 맡고 있는 교구에서 일이다.

새 신자 몇 명을 데려왔다. 교구장 때문에 강제로 끌려 오다시피한 새 신자 청년들이 대부분이었다. 하루가 지나서 일이다. 갑자기 지구장이 나를 찾아왔다. 새 신자가 갑자기 집에 간다는 얘기였다.

사연을 들어보니 그 청년이 하는 얘기는 이러하였다. 자기는 청년 수련회라 하여 기대를 잔뜩하고 왔다는 애기였다. 세상에서 놀러 다니는 청년 동아리들의 수련회처럼 밤새 춤추고 놀고 자매들과 함께 게임도 하고 춤도 추고 밤새 모닥불 피어놓는 그런 곳인 줄 알았다고 한다. 자기는 이렇게 지루하고 오직 예수만 전하고 기도시키고 하는 수련회인줄 몰랐다고 하면서 굳이 집으로 가겠다는 고집을 피웠다.

처음에는 대화를 해봤지만 도무지 어찌하여야 하나 답이 나오지 않았다. 청년에게 하루만 더 있어보라 하였다. 그 때도 하나님을 만나지 못하면 마음대로 이곳에서 떠나라고 하였다. 그날 저녁 덕정 본당에서 밤새 기도하였다. 하나님 아버지, 그 청년이 하나님 아버지를 만날 수 있게 해달라고 나는 예수께 떼를 쓰듯 울부짖으며 밤을 지새웠다. 당시 교구장뿐 아니라 지구장도 밤새 잠을 자지 못했을 것이다.

그 다음날이 되었다. 그 청년 보기가 겁이 났다. 집으로 간다고 할까봐서였다. 또 여러 가지 얘기를 했지만 막무가내로 나간다는 애기였다. 또 다음날까지 한 번 기다려 보라고 이왕 올라왔으니 하나님 아버지를 체험해야 하지 않겠느냐고 억지로 잡아놓았다. 그렇게 이틀을 잡아놓았다. 그리고 마지막 날이 되었다. 3박 4일이었으니 마지막 저녁 시간에 서로 붙잡고 기도하는 시간이 있었는데 예수만 부르고 다른 것은 아무것도 하지 말라 하였다. 우리 교구 모두는 그 청년을 위해 간절히 기도했다. 그 시간은 피를 말리는 아주 긴 시간이었다.

하나님의 놀라운 역사는 그 시간에 이뤄졌다. 3박 4일간의 일정 저녁 마지막 시간에 청년은 울고불고 하나님을 만났다. 놀라운 하나님의 반전의 시간이었다.

하늘에 빛나는 별도 달도 청년에게 비추는 것 같았다. 깜깜한 암흑 속에 있던 그 청년은 아름답게 빛나 보였다.

10여 년도 지난 그 사건이 오버랩 되어 나의 뇌리를 스쳐 지나간다.

모든 푸르른 초목들이 더위 속에서 한줄기 바람에 춤추며 노래하는 듯 보인다. 그 당시 나는 주님의 거대한 큰 사랑을 경험했다. 올해도 곧 청년 수련회가 다가온다. 올해도 많은 새 친구들이 위대한 주님의 사랑을 알게 되기를 나는 기도하리라.

하나님 아버지는 예수의 아버지요, 나의 아버지이기 때문에.

(2010. 7.)

김연아는 세계인의 여왕

밴쿠버 올림픽은 시작되었다.(2010년 2월 12-28일)

대한민국 국민이라면 누구나 김연아 선수를 자랑으로 여길 것이다. 김연아 선수의 경기를 기다렸고 드디어 처음 경기를 봤다. 가슴이 두근두근 했다.

아사다 마오와 경쟁자인 김연아는 아사다 마오 다음에 경기를 할 예정이다.

아사다 마오는 여자 피겨 밴쿠버 동계올림픽에서 아직 금메달을 따지 못한 일본의 마지막 희망이다. 24일 온종일 피겨 경기로 뜨겁게 달아올랐다.

아사다 마오가 선전하여 좋은 점수를 73.78이 나오자 너무 잘 탔다. 드디어 해냈다. 분위기를 고조시켰다.

일본의 오사다 마오, 한국의 김연아 두 스포츠 스타의 피겨스케이팅

대결은 밴쿠버 동계올림픽 최고의 하일라이트였다. 어제 쇼트 프로그램에서 아사다 마오는 좋은 연기를 펼쳤다. 그녀의 기술은 세계 최고였으며 다음에 펼쳐질 김연아에게 심리적 압박을 주기에 충분하였다.

아사다 마오의 점수가 발표되는 순간 김연아의 표정을 잡은 모습이 잠깐 보였는데 김연아가 점수를 보더니 입술이 샐쭉한 거 같다. 압박감이 순간 밀려오는 것 같았다. 하지만 김연아는 이런 순간이 올 수 있을 것이라는 것을 미리 알아차렸다는 듯 마음을 다 잡으면 자신의 페이스를 찾으려는 것 같았다.

올림픽은 워낙 큰 대회라 세계 최고의 기량을 갖고 있어도 실력을 경기장에서 발휘하지 못하여 메달을 놓치는 선수가 많다. 스포츠 현장에서 '연습의 50%만 발휘해도 우승할 수 있다'는 이야기를 흔히 한다. 그래서 '연습은 실전처럼, 실전은 연습처럼', '경기를 즐겨라'라는 명언이 생겨난 것이다. 김연아도 이 얘기를 곧잘 하는 것을 봤다.

드디어 그녀는 한 마리 우아한 백조처럼 깔끔하게 연기를 해서 세계 신기록을 달성해냈다.

경기 전 연습 때부터 점프에 성공하며 자신감을 되찾았던 그녀다.

김연아, 밴쿠버 동계올림픽 쇼트프로그램에서 78.50으로 세계신기록를 수립했다. 김연아는 드디어 자기 자신과의 싸움에서 이기기 시작했다. 인터뷰 후 긴장을 늦추지 않겠다고 했다.

이제 프리에서 자기 자신과의 싸움만 이기면 된다. 마오는 자신의 신기록을 세웠지만 4점 이상 차이가 난다. 김연아의 화이팅을 기원한다.

"한걸음 더, 남들이 하지 않는 2%가 승부를 결정한다"는 제목의 글에서 "아사다 마오 선수의 점수가 발표되는 순간 김 선수의 표정은 '그래봤자 난 김연아다'란 자신감 넘치는 미소를 담았다"며 이어 곧바로 김 선수는 78.50의 세계 신기록으로 1위에 오를 수 있었다고 소개했다.

김 선수가 보여준 미소는 하나의 동작을 완성하기 위해 1000번을 점프하며 상처투성이의 발을 개의치 않았던 피나는 노력이 만들어낸 것이다. "남들이 다 걸었다고 생각할 때 한 걸음 더 나아가고 그들이 가지 않은 마지막 2%를 가는 것, 그 2%가 승부를 결정하는 것"이라고 통찰했다.

멋지고 아름답고 예쁜 우리의 김연아다. 손에 땀이 날 정도로 3분여를 지켜봤다. 대한민국 아이 전 세계가 봤다.

그녀는 미소를 짓고 우아하고, 아름답게 백조처럼 연기를 시작했다. 내 심장이 얼어 붙어있고 그녀가 마치 세상에 마법을 건 것 같았다.

연기는 불가능할 정도로 예술적이었고 선곡과 완벽하게 일치했다. 거쉰 피아노 협주곡 '바장조.' 어떤가? 19세 선수가 85년 전에 작곡된 음악에 맞춰 연기를 했고 곡의 위대함과 맞먹었다.

그녀는 진실로 '퀸유나'이다.

그것은 그녀의 별명이다. 오늘 밤 그녀는 150.06 이라는 신기록으로 하늘을 찌르는 기대감을 채워줬다.

김연아의 위대함을 완벽하게 보여주는 장면이다.

화요일 쇼트에서 신기록 78.5와 합치면, 예상대로 신기록인

228.56이 나온다.

모든 신문지면은 김연아에 대한 칭찬 정도가 아니고 여왕이라고 NBC방송은 칭송을 하고 있다. "피겨스케이팅 역사에서 가장 위대한 연기 중 하나로 기록될 것이다." 라고 말하고 있다.

용어는 잘 모르지만 김연아의 연기는 에지 사용, 스핀 등 스케이팅 기술부터 표현력까지 완벽 그 자체였다고 한다. 그녀의 점프는 풀스피드로 뛰어올랐지만 착지는 마치 베개에 닿는 것처럼 부드러웠다고 지면에 적고 있다.

"김연아는 모든 연기를 쉽게 해내서 경기를 지켜보는 사람들이 편안한 마음을 가질 수 있게 해준다. 상상할 수 없는 부담감을 딛고 완벽한 연기를 했다." - (뉴욕타임즈 NYT)

"김연아가 프리 스케이팅 경기 후 기쁨의 눈물을 흘리던 순간 이미 금메달은 결정됐다."

"김연아의 무한 지배가 시작됐다."- (LA타임스)

대한의 김연아, 그녀의 눈물이 값지게 빛났다. - (AP통신)

"김연아가 프리스케이팅에서 놀라운 실력을 발휘하며 금메달을 목에 걸었고, 완벽함의 수준을 한층 높였다." - (NBC)

"70년 전 피겨계를 정복한 소냐 헤니 이후 김연아를 능가할 만한 선수가 과연 있을까?" - (마이애미 해럴드)

"빙판 위의 완벽함(Perfection on ice) 김연아가 흠 없는 연기로 한국 피겨 사상 첫 금메달의 주인공이 됐다." - (yahoo.com)

"김연아는 압도적인 세계 챔피언, 주문을 거는 듯 관중을 사로잡았다." - (AFP 통신)

"김연아가 경기장을 날려버렸다(Kim blows away the field)" - (시애틀

포스트)

"이날 경기에서 김연아가 그녀의 독주를 막을 수 없다는 걸 보여줬다."

"김연아가 트리플 플립을 포함한 결점 없는 점프를 연속 성공시켜 누구와도 경쟁이 될 수 없었다." - (월스트리트저널 WSJ)

매혹적인 우리의 여왕이다. 대한민국 딸로서 자기의 정신으로 자기를 이겼다. 김연아의 금메달은 밴쿠버 동계올림픽의 마무리를 가장 화려하게 장식 하였다.

강력한 라이벌 아사다 마오가 김연아 바로 앞에서 완벽한 경기를 펼쳤는데 불구하고 김연아는 흔들림 없이 자신만의 피겨를 선보였기 때문에 모든 사람들이 김연아가 더욱 돋보였으며 대단하다는 찬사를 얻게 되었다. 가장 높은 점수를 받은 것은 당연한 결과였다.

항상 선수들에게 이야기하는 것 중 하나가 "적은 상대방에게 있는 것이 아니라 적은 바로 나에게 있다." 즉 상대를 의식해서 자신의 기량을 발휘하지 못하는 것이 가장 억울한 상황을 초래할 수 있으니 어떠한 어려운 상황에서도 흔들리지 않게 마인드 콘트롤하는 방법을 터득하는 것이 중요하다고 강조한다.

심판진들도 아사다 마오 경기 다음 펼치는 김연아의 심리적 압박을 충분히 이해했을 것이라 생각한다. 그 누구도 김연아처럼 심리적 압박을 극복하고 실수 없이 멋진 연기를 보여 줄 수 있는 선수는 없을 것이라는 판단 하에 보답으로 세계 최고의 기록을 얻게 된 것이다.

김연아다. 그녀의 이름을 기억하라. 그리고 그녀가 2010 동계 올림픽에서 얼마나 빛났는지를 절대 잊지 말아라.

그녀는 경쟁자의 자격이 충분한 은메달리스트 아사다 마오를 압도했다. 여자 싱글 피겨 금메달리스트 스피드 스케이팅 이외의 종목에서 한국의 첫 금메달을 안겨 주었으며 경기장의 한국인들에게 태극기를 힘차게 흔들 수 있게 해주었다.

그녀는 자신이 입은 푸른 드레스만큼 짜릿했으며, 최고 속도로 흠 없는 트리플 플립, 트리플 러츠, 더블 악셀을 해냈다. 점프들의 랜딩들은 너무나 가벼워서 얼음 위로 깃털이 떨어지는 것을 보는 기분이 들게 했다.

그리고 김연아는 컴비네이션 스핀으로 자신의 유연함을 선보여, 관중들을 감탄하게 했다. 하지만 목요일 밤에 김연아의 프리를 보면서, 그녀가 또 신기록을 세우는 것을 보면서 흥미 있고 재능이 넘치는 종목에서 자신 만의 차원에 있는 그녀를 보고 나서 생각하게 된다.

어느 나라 사람이든, 성별이 무엇이든, 눈알이 있는 살아 있는 생물이라면 이 19세 천재를 보지 않을 수 없을까라고.

퍼시픽 콜로세움 경기장 아나운서가 메달 세레모니에서 김연아를 금메달리스트로 소개하자 한 남자가 관중석에서 "아이 럽 유"라고 외쳤다. 그녀는 한국을 자랑스럽게 했다. 그녀는 자신의 종목을 자랑스럽게 했다. 그녀는 그냥 관찰하던 사람으로 하여금 나를 포함해서. 순식간에 여자 피겨 팬으로 만들어 버렸다.

어느 올림픽에서는 의견이 분분한 질문에 대한 답이 나왔다. 누가 이번 올림픽의 얼굴이 되어야 하는가? 자신을 사랑하는 한국 팬들을 위해 우승해야 했던 부담감을 안고 있었던 김연아는 도전을 받아들였고 새로운 레벨로 날아올랐다.

그녀는 이 종목, 그리고 이 올림픽의 챔피언이다. 의심스러운 마음이 든다면 텔레비전을 찾아서 그녀를 다시 보라.

미리 경고하는데 한 동안 그 자리에 서있을 수도 있다는 것이다. 얼어붙은 채, 움직일 수 없이, 이 올림픽의 얼굴을 보고 매료된 채 말이다. 당연히 김연아다. 김연아 파이팅, 대한민국 파이팅이다.

빠져든다는 것

요즘 나는 두 가지에 빠져 산다. 대충하는 게 아니라 한 번 시작하면 마칠 때까지 하는 오기라 할까 고집이 있다. 이루고 난 다음에 그것에 맞게 지속적인 노력을 게을리 하지 않는다.

뭔가에 빠진다는 것은 삶에 활력소가 된다. 도박이나 게임 중독 같은 나쁜 것만 아니라면 말이다. 젊은 시적에 누구나 한 번은 세상을 다 얻은 것 같은 사랑에 빠져 보았을 것이다.

요즘에는 그림 그리기와 글쓰기가 흥미롭다. 그림에 소질이 있었던 것은 어릴 때부터다. 어릴 때는 문학지에 푹 빠져 살았다. 세상 살면서 빠져볼만한 대상은 많다. 독서, 고전 음악 듣기 기타, 피아노, 바이올린 등산, 낚시, 그림 그리기 등등. 인생을 윤택하게 할 취미들이다.

나는 그림 그리기와 글쓰기 외에 가끔 피아노도 친다. 그림은 어릴 때부터 약간 소질이 있어서 계속 공부하다. 30년이 훨씬 너머서 다시 붓을 쥐게 되었다. 아직도 붓질이 서툴고 쉽지는 않지만 다시 한다는 것이 고맙다. 개인전도 했고 정식 한국미술협회회원도 되어 나름대로 열심히 빠져든다는 것은 감사할 따름이다.

피아노도 어릴 때 친구한테 배워서 약간은 하지만 시간 나는 대로 열심히 집에서 피아노를 쳐본다.

내가 치는 피아노 소리에 내가 놀랄 때가 있지만 내가 친다는 것에 흥미롭고 참 감사하다. 요즘은 아파트에서 거의 피아노 소리를 들을 수 없지만 예전에는 아파트에서 가끔 아름다운 명곡들이 흘러나오면 나도 모르게 걸음을 멈추고 그 소리에 귀를 기울이곤 했다.

또 나는 고전 소설을 읽고 감동을 받는다. 지금 나를 있게 해준 고전 소설들은 충분이 다시 한 번 감동을 준다. 요즘 10대들이 아이돌 그룹의 가수들을 보고 열광하듯이 나도 그림과 소설에 푹 빠져 산다. 10대에는 공부에, 20대에는 이성에, 30대는 자기가 가야할 길을 내다보며 현실에 적응하며 살고, 40대는 다시 한 번 자기 자신을 돌아보고 꿈을 생각하고, 50대는 그 꿈을 이루는 시기가 되어야 할 것 같다.

늘 나는 끊임없이 도전한다. 오래전에 꿈꾸던 화가가 되고 작가도 되고 내 삶을 성실이 이행한 것에 감사한다.

60대에는 욕심 부리지 말고 평안하게 그 꿈들을 지속해가면서 나름대로 성실하게 하는 것이다. 노력과 성실이 살다보니 꿈을 이룬 것에 감사하다. 푹 빠진다는 것은 좋은 것이 더 많은 것 같다. (2015. 2.)

겨울나기

갑자기 날씨가 추워졌다. 방풍박이로 창문에 붙여둔 뽁뽁이가 떨어져 같이 부치자 했더니 TV를 보느라 정신이 없다.

1주일에 한 번 오니 왔을 때 좀 해 달라 했더니 피곤한데 꼭 그것을 지금 시켜야 하냐며 투들 거린다. 혼자서 하려니 도저히 못 하겠다고, 했더니 마지못해 일어나 분무기를 손에 든다.

남편은 30분 안에 다 해놓고 간식 좀 해달라고 한다. 남편의 간식을 준비 하면서 소소한 일상의 행복이 느껴진다.

남편은 고장이 나거나 내가 손대지 못할 것은 뭐든지 다 한다. 우리집 뿐만 아니라 친정에 가서도 친정 노모가 하지 못 할일을 정리하거나 고쳐준다. 수도꼭지가 고장 나면 고쳐주고 냉장고 세탁기 등 남편손만 가면 해결이 된다.

김장김치가 한겨울을 지내게 해주는 우리 집은 김치빈대떡으로 남편의 비위를 맞춰준다. 우리 아파트의 주말의 겨울 일상이 늘 이렇게 지나간다.

우리 동네는 북한산 밑이라 워낙 추워서 다른 동네보다 3도 정도가 낮다는 발표를 본적이 있다.

눈이 오거나 바람이 불면 마치 시베리아 벌판을 생각하게 되고 이 겨울을 여기서 어떻게 살지 하고 걱정이 앞선다.

나는 유난히 추위를 타서 겨울이 싫다. 창밖의 북한산을 쳐다보면 저 눈이 언제 녹을까. 어서 여름이 왔으면 싶다.

올겨울에도 많은 사람들이 추위에 떨고 있다. 사회에서 많은 도움을 주고 있지만 복지 사각지대가 많아 도움의 손길이 가기도 전에 많은 어려운 일들을 겪는 것을 볼 수 있다.

노숙자들의 겨울은 유난히 더 춥게 느껴질 것 같다.

아파트는 그나마 단열이 잘되어 겨울나기가 예전처럼 어렵진 않다. 누구나 할 것 없이 추위는 모두의 옷깃을 여미게 한다. 이 추위에 사각지대에 있는 노인이 있는지, 알지 못하게 어려움을 겪고 있는 아이들이 있는지, 불우한 내 이웃이 있지 않는지 다시 한 번 살펴보는 것도 좋을 거 같다.

희망을 담은 겨울나기에 작은 나눔으로 이어갔으면 좋겠다.

셀카봉

어제 저녁 2015년 2월 13일 메인 뉴스로 미국 대통령의 셀카봉으로 찍는 망가지는 모습을 보게 되었다.

누가 찍어주는 것이 아니라 본인이 직접 찍어서 올려놓는다.

오바마 미국 대통령이 셀카봉을 들고 코믹연기를 하며 정책 홍보 영상을 찍어 최근 지구촌 화젯거리로 떠오르고 있다.

영상 속 오바마 대통령은 거울 앞에서 윙크하고, 혀를 내밀고, 한참 재미난 표정을 짓더니 이른바 셀카봉을 들고서 천진난만한 표정을 찍어 보이고 있다. 또 오바마 케어에 대한 건강보험 가입을 독려하는 연설 준비도 영상 속에 담겨져 있다.

영상에서 오바마 미국 대통령은 "대부분의 국민은 한 달에 100달러도 안 되는 돈으로 건강보험을 들 수 있다."며 이 같은 내용을 전하고 있다.

하지만 국민과 소통하려는 인간적인 면모에 대해서는 대부분의 미국인들이 긍정적인 평가를 하고 있는 것으로 알려졌다. '오바마 케어' 건강보험에는 현재 950만 명이 가입된 상태다.

거울을 보며 우스꽝스러운 표정을 짓다 갑자기 멋진 척 포즈를 취하는 이 남자, 미국 오바마 대통령이죠.

셀카봉을 들고 얼짱 각도를 찾고 멋진 서명 대신 부인인 미셸 오바마의 그림을 끄적대는가 하면, 가상 농구를 하다가 누군가 들어서자 갑자기 심각한 척 하는데요.

대통령이 직접 나선 이 코믹 동영상의 핵심은 바로 이겁니다.

오바마가 발음연습을 하며 반복되는 이 말, "2월 15일 100불도 안되는 돈으로 건강보험을 들 수 있다는 건데요."

미국에서는 처음으로 도입된 국민건강보험, 이른바 '오바마 케어'의 가입 마감일인 2월 15일을 앞두고 막판 가입을 독려하기 위한 대통령의 유쾌한 홍보 작전이다.

텔레비전을 보면서 참 재미있다는 생각을 했다.

요즘 한국 사회에서 가장 눈길을 끄는 아이템은 단연 '셀카봉'이다. 인천 아시안 게임에서 금메달을 딴 선수도 경기장에 나온 모든 나라 선수들도 이것으로 소중한 순간을 남기느라 바빴다. 짧은 팔을 아쉬워 할 수밖에 없었던 셀카 사진의 한계를 가뿐히 뛰어넘게 했다.

한국 사회에서 셀카는 스마트폰과 소셜미디어 서비스(SNS)의확산에 힘입어 확실한 자기표현 수단으로 자리 잡은 지 오래다. '셀카봉'이 그런 셀카 열풍에 날개를 달아주는 격이다. self+camera+봉을 의미하는

'셀카봉'이란 신조어가 영어 셀피스틱(self stirk)을 밀어 낸 데서도 그 강도가 짐작된다.

나도 가끔 화장이 잘되거나 미용실에서 머리 손질을 했을 때 내 모습을 스마트폰으로 찍어보기도 한다.

우리나라 최초로 삼성에서 발명한 줄 알았는데 최초가 일본에서 발명했다고 하니 최초는 아니 것이 확인했다.

셀카봉 관련 특허출원이 올해 급증한 것으로 나타났다.

7일 특허청에 따르면 셀카봉 관련 출원이 2011년부터 작년까지 매년 1, 2건 이뤄졌으나 올 들어 8건에 이를 정도로 증가했다. 최근 3년간 출원건수의 2배를 넘어선 것이다. 특히 셀카봉 특허는 전부 개인에 의해 출원, 일반 대중의 관심이 높은 것으로 나타났다.

셀카봉은 전 세계적인 셀피 열풍에 힘입어 젊은 층을 중심으로 폭발적인 인기를 얻고 있다. 셀피(selfie)는 스마트폰 등으로 자신의 얼굴사진을 촬영해 SNS에 올리는 행위를 뜻한다.

최초의 셀카봉은 1983년 일본인(우에다 히로시, 미마 유지로)이 발명했다. 1984년 일본에서 공개되었고, 1985년 미국에서만 특허로 등록되었다.

상용 디지털카메라가 막 등장하던 80년대 초에 발명된 이 셀카봉은 카메라 고정부, 길이가 조절되는 막대, 손잡이에 달린 스위치로 구성돼 요즘 셀카봉과 동일한 완성도를 보이고 있다. 다만 특허의 존속기간이 20년임을 감안할 때, 이 특허는 권리가 소멸되어 현재는 모두가 사용할 수 있다.

최초의 셀카봉 발명 이후, 셀카봉 관련 기술은 촬영 시 유용한 부가기능 등 일반인이 쉽게 착안할 수 있는 간단한 아이디어를 중심으로 출원되어 왔다. 예를 들면 디지털카메라 뒷면의 액정화면을 사용자가 볼 수 있도록 셀카봉 끝에 거울을 장착하는 기술, 카메라 각도를 자유로이 조정하거나 다양한 크기의 스마트폰을 안정적으로 장착할 수 있는 거치대(클램프)를 부가하는 기술, 셔터뿐만 아니라 자동초점, 줌 등 스마트 촬영기능을 원격제어 할 수 있도록 IT(예, WIFI, Bluetooth)와 융합한 기술 등이 대표적이다.

최근에는 웨어러블 기기와 비행기술이 접목된 셀카기기가 등장하는 등 셀카봉의 원형을 탈피하는 변신이 시도되고 있다.

특허청 관계자는 "IT 강국인 우리나라의 기술력에 생활 속 신선한 아이디어가 접목되어 새로운 가치를 창출한다면, 스마트 기기 및 SNS 발전에 힘입어 세계적으로 경쟁력을 갖춘 아이템이 개발될 수 있을 것으로 기대된다."고 말했다.

셀카 봉 덕분에 이제 여행지에서 옆 사람에게 카메라 셔터 한 번 눌러 달라고 부탁하던 일을 보기 어려워질 것 같다. 서로 찍어주고 하는 모습들이 그나마 정감이 있고 보기 좋았다. 여행지에서서로가 챙겨 하는 모습이 아름다워 보였다고 할까.

SNS에 자신의 멋진 모습을 올리려고 하루에도 수십 번 셀카 사진을 찍어대는 중독자들이 생겼다는 뉴스를 보니 남의 일이 아닐 것 같은 예감이 든다. 나도 예외가 아닐 듯싶어 사진 찍는 것을 자제하려는데 쉽지가 않다.

연탄의 추억

어린 시절 연탄에 대한 추억이 가득하다.

찬바람이 불어오기 시작하면 어느 집을 막론하고 월동준비의 기본이 연탄이다. 창고 가득히 연탄을 쌓아 놓는 일이 매년마다 연례행사처럼 벌어졌다.

지금은 연로하신 나의 어머니 또한 겨울이 다가오면 김장과 연탄 사재어 놓는 일을 매년 월동기의 가장 관심사였다. 어머니는 워낙 준비성이 강하시고 생활력이 강하셔서 다른 것은 몰라도 연탄과 김장은 늘 광에 꽉 채우셨다.

추운 겨울 시간 맞추어 연탄불을 갈아야 하는 것은 여간 성가신 일이 아니었다. 코를 찌르는 연탄 냄새에 코를 부여잡고 연탄불을 갈았다. 자다가 연탄가스를 들이킨 날에는 김치국이나 동치미를 한 사발 마셨던 기억이 아련하다. 지금은 편리한 난방 기구에 버튼 하나면 덥

혔다 식혔다를 마음 대로할 수 있지만 자칫 연탄불을 꺼뜨리기라도 하면 번개탄을 피워 불을 살리기도 하고, 남에 집에 가서 밑불을 빌려오기도 했다. 정말 고달픈 시절이었다.

지금은 서민의 대명사가 되고 말았지만 그 시절에 기름한 방울 나지 않는 우리나라에서 경제의 원동력 국가 산업의 원동력이 되었다.

지금은 달동네에 연탄을 기부하는 등 봉사하시는 분들이나 단체가 많은데, 연탄은 언제부터 때우게 되었나를 알아봤더니 서울석탄공사의 자료에 의하면 19세기 말 일본 큐슈 지방에서 주먹만 한 크기의 석탄에 구멍을 내 목탄 대신 사용한 것이 연탄의 효시로 구멍이 뚫린 모양이 연꽃열매를 닮아 연꽃연탄이라 불렀다고 한다.

생산은 1907년쯤 제조기가 발명되면서 본격적으로 생산되었고, 국내에서는 1920년대 후반 일본인이 운영하는 상회에서 구공탄을 제조, 일본가정에 판매했다. 서울과 평양 등 대도시에는 일본식 연탄과 다른 벽돌모양에 구멍을 2, 3개 있는 관제연탄이 공급되어 일부 한국인 가정에서 사용했다.

연탄이 대중화된 건 해방 이후로 최초의 민족자본에 의한 연탄제조업체는 1947년 설립된 대성산업 입니다. 1960년대는 연탄사업의 전성기였다. 1920년도 일본에서 수입이 들어오면서 부터 연탄사용이 되면서 우리나라 연탄의 역사가 시작이 되었다.

1970년대 당시는 우리나라도 참 가난했다. 당시에 석탄은 연료가 부족했던 우리나라 국민들에게 너무나 귀중한 에너지 자원이었고 난방

재료였다.

가난과 부족함을 잘 모르고 자라는 요즘 아이들, 편리함과 신속함에 너무나 익숙해 조금도 기다리지 못하며 조급증만 커지는 요즘 아이들에게 교육적으로 제대로 가르쳐 줄 수 있는 게 뭐 없을까?

충청도 보령에 있는 석탄 박물관을 갔던 일이 있다. 그곳에서 박물관을 돌아보고 연탄에 대해 새로운 고마운 마음이 들었던 순간들이 떠오른다.

보령 석탄박물관으로 아이들을 데리고 가 보는 것이 좋을 것 같다.

전기 히터, 에어컨, 가스 난방 등 너무나 익숙하고 편리한 것에 물들어 있는 아이들에게 과거 어머니 아버지 시대에 연탄을 때며 어떻게 살았는지를 보여주고, 실제 연탄이 나오기까지 탄광에선 어떻게 일을 했는지 보여 준다.

지하 수백 미터 속 갱도 내에서 채탄을 하던 광부 아저씨들의 피땀 어린 노력 덕분에 우리나라가 오늘날 이만큼 산업발전을 이뤄냈고, 그렇게 일한 것이 경제발전의 초석이 되어 지금 부강한 나라가 되었음을 가르쳐 주자.

물론 현재까지도 도시의 일부 가정, 농촌의 적잖은 가정에서 연탄을 여전히 사용하고 있다.

하지만 우리나라는 이미 채탄이 끝나고 석탄 매장량이 다 떨어져 폐광이 된 곳이 대부분입니다. 이 폐광을 이용해 교육적으로 활용하고 있는 곳이 보령 석탄 박물관입니다.

석탄을 소재로 국내 최초 개관한 '보령석탄박물관'이 '문화가 있는 날'을 본격 운영한다.

17일 보령시 시설관리공단에 따르면 '문화가 있는 날'인 매월 마지막 수요일에 방문하는 관람객의 입장료를 50% 할인하고 보령시민에 대해서는 무료로 입장하도록 했다.

보령석탄박물관은 70~80년대 주 에너지원이며 근대산업 발전의 동력이었던 석탄산업 역사를 한눈에 볼 수 있도록 꾸며져 있어 해마다 10만여 명이 방문하는 곳으로, 광물표본류를 비롯한 측량, 탐사, 시추 장비 등 4,000여 점과 탄광 갱도 모형, 광산촌 모형이 제작돼 있어 실제 탄광에 와 있는 듯한 체험을 할 수 있다.

특히 실제 연탄(9공탄)과 똑같은 모양인 미니 연탄 만들기 체험은 연탄 재료인 석탄가루를 미니 연탄 틀에 넣어 찍어내는 형식으로 5분이면 누구나 쉽게 만들 수 있어 어린이뿐만 아니라 어른들에게도 인기다.

석탄박물관 관계자는 '석탄박물관이 보령의 최고 박물관이 될 수 있도록 다양한 프로그램을 개발해 나갈 것'이라고 말했다.

이후 1988년 우리나라의 88%가정이 사용을 하는 등 가장 최고의 사용년도는 1,988년이며 이때를 기점으로 사용량이 줄기 시작합니다.

연탄에 대한 사람들의 추억들은 많으리라 생각한다. 나 또한 그러하다.

나는 사계절 중 겨울을 가장 싫어한다. 그렇지만 겨울 하면 좋은 것 중에서 먼저 찬바람이 좋다. 눈 쌓인 나뭇가지를 보는 것을 좋아한다.

딱딱하게 언 거리를 또각또각 소리를 내며 딛는 구두 굽 소리를 좋아하고, 연탄불의 정서를 좋아한다.

연탄에 대한 추억은 떠올리다 보면 가장 먼저 80년대 신혼생활 할 때였다. 아궁이가 달랑 한 개만 있고 부엌도 없던 방이었다. 때맞춰 연탄을 갈아주어야 했는데 갈아주지 못하면 주인아줌마에게 밑불을 빌러 오곤 했다.

이십 초반대가 신혼이었으니 아기 두 명이 있어서 한 번 자리에 누우면 피곤하다는 이유로 연탄불을 자주 꺼 먹었다. 서늘해진 방에 온기가 느껴질 때서야 나는 검은 연탄 한 장을 들고 옆방에 가서 불씨 붙은 허연 연탄으로 바꿔오기 일쑤였다. 그럴 때면, 알뜰살뜰한 아줌마들은 불씨 몇 개 남은 허연 연탄을 돈뭉치나 마찬가지인 시커먼 새 연탄과 바꿔주는 일에 대해 입이 함지박만 해지면서도, 연탄불을 꺼 먹지 않는 자신들의 세심함과 부지런함에 빗대어 나의 게으름을 얄밉게 꼬집어 대곤 했던 모습들이 지금에서는 추억으로 떠오르곤 한다.

연탄불을 자주 꺼 먹던 내 부엌 귀퉁이에는, 검은 숯덩이들과 함께 불씨를 쉽게 만들어 내는 위력의 번개탄이 늘 준비되어 있었다. 내 부엌 한쪽에 번개탄이 없으면 내 약통에 아스피린이 떨어진 것처럼 불안했던 마음들, 당시에는 비 오는 날이나 추운 겨울에는, 연탄불을 갈고 잠을 자다가 그대로 혼수상태가 되어 병원에 실려 갔던 일들이 비일비재하게 신문지면에 장식하곤 했다. 그리고 가장 어머니가 생각난다.

내가 어리고 어머니가 젊으시던 그때는 요즘 세상보다 여자들의 집안 일이 많았다. 그 많은 일을 기계의 힘을 빌리지 않고 몸소 움직여 하다 보면 당연히 육체가 곤한 법이다. 그런 때도 어머니는 깊은 한밤중이고 이른 새벽이고 마다하지 않으시고 곤한 몸으로 연탄 불씨를 꺼뜨리지 않으려고 애쓰셨다.

있는 집에는 있었던 세탁기도 우리 집에는 없던 그때, 어머니는 여러 명의 자식이 벗어 놓은 산더미 같은 빨래를 호호 손을 불어가시며 비비시고, 가는 두 팔목이 휘어져라 하고 물기를 짜내셨다. 그래도 어린 자식들의 빨래가지에서는 자식들의 온갖 투정처럼 물기가 축축이 떨어졌다.

겨울 해가 동동걸음보다도 더욱 빠르게 지나면, 밖에 널려 있던 옷가지들은 딱딱하게 얼어 방패가 되어버리곤 했다. 그런 옷가지들을 걷어서 넓은 마루가 썰렁해서 놓은 연탄난로 연통 위에 널고, 그것도 부족하면 얼기설기 저녁에만 펼쳐지는 빨랫줄을 펼치고 거기에 옷가지들을 널었다.

다음날 바짝 마른 새 옷을 입고 학교에 갈 때면 어머니는 그런 자식의 뒷모습을 바라보시며 연탄불 덕분이다 하시는 말씀을 하셨다.

연탄에 대한 무수히 많은 추억이 어디 이것들뿐이겠는가.

현재 내 주거생활에서의 연료는 가장 편리하다는 도시가스를 사용하고 있다. 이러한 나도 경제부분에서는 하층 서민그룹에 든다. 나의 게으름과 건강으로는 이런 하층 서민 생활에서나마 연탄을 사용하지 않고 사는 것만으로도 얼마나 다행인지 모른다.

연탄을 사용하는 집들도 많이 없어졌고, 따라서 도심 속에서 연탄공장이 환경오염 주범에 들어간다며 연탄 공장 문을 닫게 한다는 이때도, 연탄 한 장이 없어 추위에 떠는 이웃들이 아직도 적지 않음을 알기 때문에 스스로 위안을 하는 것이리라.

나는 부자들이 자신들이 원하건 원하지 않건 없는 사람들을 위해 많은 기부를 하고 있다는 사실을 안다. 당연히 감사한 일이다. 그런데 그런 사실이 어느 포털 사이트에서 메일 한통 보내면 어려운 이웃에게 연탄 한 장으로 도움을 줄 수 있다는 사회봉사 릴레이 기부행진보다 더 진한 감동을 주지는 않는다. 이러한 상황을 나름대로 해석으로 풀어본다면,

충분히 안락함을 누리며 사는 부자들이 어려운 사람들을 위해 하는 기부는 신이 할 수 있는 능력과도 같은 것에 반에, 자신도 그다지 부유하지 못하면서 더 어려운 이웃들을 위해 마음을 쓰고, 연탄 한 장을 보내는 마음은 책임감보다는 희생을 우선으로 하는 어머니 사랑 같은 마음에서 시작되는 것이라고 생각해 볼 수 있다.

현시대는 우주여행을 할 수도 있다. 몇 년 전에 미국 나사(NASA)에서 우주 여행자를 신청 받았는데 생각보다 많이 신청했다는 놀라운 뉴스를 본적이 있다.

지금은 내가 아무리 연탄불의 따스한 온돌방을 좋아해도 그 시절을 내 현실에서는 누리지 못하고 산다. 내가 사치스런 생각으로 추억과 정서 속에서 연탄불을 만나지 못하고 살아도 그것은 그리 큰 문제가

없다. 어차피 내 추억 속에서 다시 데워지면 되니까 말이다.

올겨울도 여전히 매스컴에는 많은 이들이 연탄을 배달하고 기부를 하고 하는 것을 분수 있었다. 여론의 눈총을 볼 수 있는 정치인들, 대통령후보, 혹은 재벌회장 등등이 등장한다. 아무튼 내 이웃 중에는 연탄 한 장이 없으면 건강과 생명이 위태로운 사람들이 많다. 비록 연탄이 사용하기에는 불편한 것일지라도 그것이 필요한 어려운 이웃들이 있다면 추운 이 겨울에 그들의 집마다 넉넉히 쌓아졌으면 좋겠다. 나도 마음만 있는 것 같은 것이 아쉬울 뿐이다. (2015. 2. 병절에)

수필문학사 수필선집_394

사랑의 반지

2015년 4월 20일 초판 인쇄
2015년 4월 25일 초판 발행

지은이 / 이진이
발행인 / 강석호

발행처 / 도서출판 教音社
편집 / 隨筆文學社 편집부

110-775 · 서울 종로구 경운동 88 수운회관 1308호
Tel (02) 737-7081, 739-7879(Fax)
e-mail : goessay@kornet.net

등록 / 제300-2007-52호

* 잘못된 책은 바꿔 드립니다. 값 12,000원

ISBN 978-89-7814-658-6 03810